Marc Christoph Hempel

Zug um Zug zum Reichtum
Strategien für finanziellen Erfolg

Marc Christoph Hempel

Zug um Zug zum Reichtum

Strategien für finanziellen Erfolg

Rediroma-Verlag

Bibliografische Information der Deutschen Nationalbibliothek:
Die Deutsche Nationalbibliothek verzeichnet diese Publikation in der Deutschen Nationalbibliografie; detaillierte bibliografische Daten sind im Internet über http://dnb.ddb.de abrufbar.

ISBN 978-3-96103-279-2

www.rediroma-verlag.de
9,95 Euro (D)

Inhalt

1 Vorwort 7
2 Der größte Feind Ihres Geldes sind Sie! 10
2.1 Mentale Vorbereitung für Ihren finanziellen Erfolg 11
2.2 Wer ist der größte Feind Ihres Geldes? 32
2.3 Drei Strategien gegen unnötigen Konsum 40
2.3.1 Streichen Sie alle unnötigen Ausgaben 40
2.3.2 Bezahlen Sie mit Bargeld 42
2.3.3 Tätigen Sie keine Spontankäufe 43
2.4 Struktur für ihr monatliches Budget 44
3 Vorsorgebedarf! Die Rente ist sicher? 55
3.1 Vorsorge 56
3.2 Systemfehler 61
3.3 Teuer erkaufte Rente 71
4 Produkte, konventionelle Anlagen, mittel- und langfristige Ziele! 80
Wovon Sie die Finger lassen sollten! 80
4.1 Bausparvertrag 81
4.2 Das Sparbuch können Sie sich sparen! 89
5 Produkte – Der graue Kapitalmarkt; Wovon Sie die Finger lassen sollten! 94
5.1 Grauer Kapitalmarkt und Schwarze Schafe 95
5.2 Welche Produkte finden Sie auf dem „grauen Kapitalmarkt“ 97

6 Produkte, kein Grund den Kopf in den Sand zu stecken 102

6.1 Wenn du entdeckst, dass du ein totes Pferd reitest, steige ab! ... 103

6.2 Kein Licht ohne Schatten, kein Schatten ohne Licht 107

7 Produkte, wohin nun mit dem Geld? ... 108

7.1 Jeder Mensch benötigt ein Depot! ... 109

8 Produkte, Investmentfonds ... 116

8.1 Die Fondsidee ... 117

8.2 Fonds ist nicht gleich Fonds ... 121

8.3 Welche Fonds gibt es? ... 123

8.3.1 Der Geldmarktfonds ... 124

8.3.2 Rentenfonds ... 126

8.3.3 Immobilienfonds ... 128

8.3.4 Aktienfonds ... 130

8.3.5 ETFs – Indexfonds ... 139

8.3.6 Mischfonds – Multi Asset Fonds ... 144

8.3.7 Dachfonds ... 146

9 Umsetzung, haben Sie Mut zur Veränderung! ... 149

9.1 Veränderungen benötigen Mut ... 150

9.2 Rituale und Erziehung ... 152

9.3 Verlassen Sie Ihre Komfortzone ... 153

9.4 Ihr Finanzplan – die Umsetzung ... 157

10 Abbildungsverzeichnis ... 163

11 Literaturverzeichnis ... 164

1 Vorwort

Haben Sie sich in den letzten Wochen wenigstens einmal Gedanken über Ihre Finanzen gemacht?
Gehören Sie eher zu den Menschen, welche ihre Angelegenheiten in die Hand nehmen und Dinge ändern, oder sind Sie eher der Typ Mensch, der sich darauf beschränkt, lieber nur zu jammern und alles beim Alten zu belassen?
Sicherlich gibt es bereits viele Bücher, viele Ratgeber, Zeitungen, Newsletter und andere Medien zum Thema dieses Buches. Ganz offensichtlich haben diese in der Vergangenheit bei Ihnen das Ziel verfehlt oder aus welchem Grund interessieren Sie sich sonst für das Thema?
Was genau ist der Grund, warum **SIE** bereit sind, Ihre Zeit mit dieser Thematik zu verbringen?
Unter Umständen haben Sie sogar noch Geld für dieses Buch bezahlt, wenn Sie es nicht von einem guten Bekannten geschenkt bekommen haben.
Es ist eine weit bekannte Tatsache, dass die meisten Bücher gekauft werden um in irgendwelchen Regalen zu verstauben. Auch dieses Werk gibt Ihnen die Möglichkeit, wie gewohnt damit umzugehen, es einfach beiseite zu legen und Staub darüber fallen zu lassen.
Dieses Buch ist als Arbeitsbuch entworfen. Es wird Ihnen nur dann den gewünschten Erfolg bescheren, wenn Sie in regelmäßigen Abständen die darin enthaltenen Übungen und Suggestionen ausführen und wiederholen.
Wenn Sie zu den Menschen gehören, die nicht möchten, dass sich in ihrem finanziellen Leben etwas ändert, und Sie nicht bereit sind, Veränderungen in Kauf zu nehmen oder zumindest nicht die Bereitschaft haben, offen und ohne Vorurteile an Ihrer IST–Situation und Ihrer Zukunft zu arbeiten, dann machen Sie das am besten – jetzt sofort – legen Sie dieses Buch in Ihr Regal zu den 1000 anderen Gedanken, von welchen Sie nicht die Erwartung haben, dass sie es wert sind, gedacht zu werden.

Ich habe zumindest mein finanzielles Ziel bereits damit erreicht dass Sie oder jemand aus Ihrem Umfeld Geld für dieses Buch bezahlt hat und ich daran mitverdienen durfte.
Mein Namen ist Marc Christoph Hempel und ich bin seit über einem Jahrzehnt erfolgreich in der Finanzdienstleistung tätig. In diesem Buch möchte ich Ihnen mit meinen gesammelten Erfahrungen nicht nur einen Einblick in die Welt der Finanzen gewähren, sondern einen Anstoß dazu geben, Ihr Verhalten bezüglich Ihrer Finanzen zu ändern.

2 Der größte Feind Ihres Geldes sind Sie!

2.1 Mentale Vorbereitung für Ihren finanziellen Erfolg

Herzlichen Glückwunsch! Sie haben sich dafür entschieden, weiterzulesen; damit haben Sie eine wichtige Schwelle überschritten, da die meisten Menschen über das Vorwort eines Buches nicht hinauskommen.

Sicherheitswarnung
Wenn Sie bis zum Ende dieses Buch gelesen haben – gibt es für Sie keine Ausreden mehr!
Sie können nicht mehr zu sich selbst und anderen sagen:

„Ich habe das nicht gewusst."

„Das weltweite Finanzsystem ist schuld."

„Ich hatte nie eine Chance.",

oder irgendwelche anderen Glaubenssätze und Ausreden, welche Sie sich und anderen als Grund dafür erzählen, warum Sie es nicht zu Ihrem gewünschten Wohlstand gebracht haben.
Hören Sie auf mit diesen Geschichten. SOFORT!!!
Da es genügend Geld und Wohlstand auf der Welt gibt, sollten Sie lernen zu entscheiden, wie groß Ihr Stück vom Kuchen dabei sein soll.

Wenn Sie Dinge in Ihrem Leben ändern möchten, ist es wichtig, dass Sie über genügend Kraft, ich nenne das Hebelwirkung, verfügen, um Ihr Vorhaben auch wirklich in die Tat umzusetzen. Ein erstklassiges Hilfsmittel, welches wir verwenden können, um unsere Kräfte zu mobilisieren, sind Suggestionen, also Geschichten, welche wir uns selbst erzählen.

Deswegen nehmen Sie sich nun bitte einen Augenblick Zeit für eine kurze Suggestion.

Stellen Sie sich bitte folgende Situation so bildlich und lebendig wie möglich vor:

Sie haben ein stolzes Alter von 78 Jahren erreicht. Sie sitzen auf einem Stuhl vor einem Fenster, in einer ärmlich eingerichteten Mietwohnung in Ihrer Heimatstadt. Bei ihrem Blick durchs Fenster erspähen Sie eines Ihrer Enkelkinder, welches auf direktem Weg zu Ihnen unterwegs ist.
Es kommt, um Ihnen Lebensmittel zu bringen, welche Sie sich selbst von Ihrer wenigen Rente nicht mehr leisten können, weil diese gerade für Miete und Stromrechnung ausreicht.
Ihr Enkel setzt sich neben Sie, um Ihnen bei Ihren Erzählungen von der „guten alten Zeit“ zuzuhören. Nach einigen Geschichten aus dieser Zeit hebt sich der Blick Ihres Enkels und Sie bekommen folgende Frage gestellt.
„Opa/Oma, als du in meinem Alter gewesen bist, muss die Zeit sehr schwer gewesen sein, da du es nicht geschafft hast, dir genügend Geld fürs Alter auf die Seite zu legen, stimmt‘s?“

Mögliche ehrliche Antworten wären jetzt:

„Ich habe gewusst, wie ich gut Geld anlegen kann, aber ich war zu bequem, es anzuwenden.“
„Ich hatte nicht den Mut, auf Garantieprodukte zu verzichten, um das weltweite Finanzsystem für mich zu nutzen.“
„Sicher hätte es die eine oder andere Chance in meinem Leben gegeben, aber dafür hätte ich Dinge ändern müssen, das wollte ich nicht!“

Wie fühlen Sie sich jetzt?

Hat es in Ihnen wenigstens einen leichten Schmerz verursacht, diese Sätze zu lesen? Verursacht diese Vorstellung bereits heute ein schlechtes Gewissen bei Ihnen?
Das ist gut so! Denn nur durch den Schmerz werden Sie lernen in der Zukunft Dinge zu ändern.
Sie können einem Kind 100fach sagen. „Greife nicht auf die Ofenplatte; Die ist heiß!"
Erst die schmerzhafte Erfahrung wird Ihren Worten Glaubhaftigkeit verleihen.
Wiederholen Sie die Suggestion bitte jetzt!

Der Finanzplan

Wir denken im Alltag kaum darüber nach, wie und womit wir unsere Zeit verbringen. Haben Sie nicht auch manchmal das Gefühl, dass Ihnen die Zeit nur so davonläuft. Wir gehen abends zu Bett und haben das Gefühl, der Tag war viel zu kurz.
Eine Studie der Zeitschrift Focus aus dem Jahr 2014 über den Alltag des durchschnittlichen Menschen hat folgendes ergeben:
Unsere durchschnittliche Lebenserwartung liegt derzeit ca. bei 80 Jahren.
Die meiste Zeit unseres Lebens verbringen wir schlafend, nämlich fast 24,5 Jahre.[1]
Umso erschreckender ist unsere zweithäufigste Beschäftigung. Etwa zwölf Jahre sitzen wir vor dem Fernseher.
Ähnlich lange unterhalten wir uns aber auch mit anderen Menschen. Fast drei Jahre geht es dabei um Klatsch und Tratsch.
Acht Jahre unseres Lebens arbeiten wir. Fast genauso lange verbringen wir mit Essen, nämlich insgesamt fünf Jahre.
Kochen und Brote schmieren kostet uns zusätzlich fast drei Jahre.
Jeweils rund anderthalb Jahre verbringen wir durchschnittlich mit Schule und Weiterbildung, mit Sport und mit Putzen. Ein

---

[1] Quelle: Fokus, 2014

Jahr verbringen wir (alternativ auf der Toilette) im Theater oder auf Konzerten.

Viele Menschen nehmen sich vor einer Verabredung mit Freunden Zeit, um stundenlang über ihre äußere Wirkung nachzudenken.
„Was ziehe ich heute Abend an?"
„Stimmen meine Haare?"
„Wie soll der Abend ablaufen?"
Wie viel Zeit haben Sie damit verbracht, um Ihr letztes Fahrzeug zu kaufen?
Erinnern Sie sich noch genau an die Situation?
Vermutlich ist das Ganze wie folgt abgelaufen:
(Verweis auf synonyme Behandlung des Kapitalthemas anhand des Beispiels eines fiktiven Autokaufs)
Sie hatten mit dem netten Autoverkäufer (Versicherungsvertreter) Abends bei Ihnen zuhause einen Termin. Dieser erschien pünktlich. Nach einem kurzem Smalltalk fragte er Sie erst gar nicht, welche Art Fahrzeug (Geldanlage) sie bisher bevorzugen und ob Sie einen Führerschein (Erfahrungen) besitzen. Er öffnete seine Mappe mit den Fotos eines uralten Trabbis (Kapitalgedeckte Lebens/Rentenversicherung), eines etwas rostigen Klappfahrrads (Bausparvertrag) oder einer Fahrradrikscha (Banksparplan).
Sie erwähnen nun, dass Sie eigentlich nach einem etwas sportlicheren Fahrzeug gesucht (Investmentfonds) haben, und bekommen von dem sichtlich verdutzen Verkäufer folgende Antwort (STILGLEICHHEIT):
„Lassen Sie das lieber sein! Jedes Auto, welches über 80 km/h fährt, ist viel zu gefährlich für Sie! Es mag Menschen geben, die so etwas schon überlebt haben, aber für Sie sind doch die ausgelatschten Wanderschuhe auf Seite 2 (Riesterrente) die beste Wahl."
Nach kurzer Überlegung unterzeichnen Sie dann sofort den Kaufauftrag für die Wanderschuhe und gehen glücklich zu Bett.

Gehen Sie so vor, wenn Sie ein KFZ kaufen, oder gehen Sie in verschiedene Autohäuser, um Preise zu vergleichen und die verschiedenen Modelle zu betrachten. Es soll Menschen geben, die machen sich schon tagelang Gedanken darüber, welche Farbe der Neue dann bekommen soll.

Einer Statistik zufolge verbringen 45% der Deutschen zwischen 5 und 12 Stunden damit, ihren Jahresurlaub zu planen, weitere 22% investieren 12 bis 25 Stunden dafür.[2]

Ich versichere Ihnen, wenn Sie in Zukunft regelmäßig dieselbe Zeit aufwenden, um Ihre Finanzen zu planen und den Plan zu kontrollieren, werden sich Ihre Ziele schneller in Realitäten verwandeln, als Sie sich das heute nur annähernd erträumen können.
Seien Sie bitte ehrlich zu sich selbst! Wann genau haben Sie sich zuletzt Zeit genommen, um über Ihre Finanzen nachzudenken? Und damit meine ich jetzt nicht, wann Sie den letzten Login beim Onlinebanking vorgenommen haben, um eine Überweisung zu tätigen oder einen flüchtigen Blick auf Ihr Konto zu werfen!
Ich meine damit: „Wann haben Sie sich zuletzt in aller Ruhe an Ihren Schreibtisch gesetzt, um sich einen Gesamtüberblick Ihrer momentanen Vermögensverhältnisse mit all ihren Konto-, Depot, Bauspar-, Versicherungsständen zu verschaffen?
„Es macht mehr Sinn einen Tag im Monat über sein Geld nachzudenken, als den ganzen Monat hart dafür zu arbeiten."[3]

---

[2] Statista, Verbrachte Zeit im Web bei der Urlaubsplanung im Jahr 2010

[3] John D Rockefeller

Haben Sie „eigentlich“ je die Erfahrung gemacht, ohne Einkaufszettel hungrig durch einen Supermarkt zu hetzen, 5 Minuten vor Ladenschluss?!
Entweder haben Sie in der Eile viel zu viel eingekauft oder Sie bemerkten zuhause, dass sie das Wesentliche vergessen haben.

Es ist vollkommen normal, dass uns Menschen ALLES besser gelingt, wenn wir einen Plan dafür haben, wie wir unsere Ziele erreichen wollen, egal, in welchem Bereich, ob Sport, Beruf oder Finanzen.

Die Universität Harvard hat schon vor Jahren das Ergebnis einer Langzeitstudie veröffentlicht. Menschen, welche ihre Ziele fixieren und planen, haben mehr Erfolg beim Erreichen der finanziellen und beruflichen Ziele.

Plan[4]
Nun endlich weiß ich, was mir fehlt,
was mich bedrückt und was mich quält.
Ich bin nicht faul, ich bin nicht krank
und fand doch nie des Lebens Rank.
Ich schaffe so wie er und du
und finde dennoch niemals Ruh‘.
Wohin ich blick‘ mit Angst und Bangen
sind Dinge, die ich angefangen, und
immer wieder denk´ ich dran:

Mir fehlt ein Plan!
Mir fehlt ein Plan!

Nun weiß ich endlich, was mir fehlt,
was mich bedrückt und was mich quält.
Ich mache dies und mache das,

---

[4] Douglas Malloch

doch ohne Ziel und ohne Maß.
Wie manches wäre schon getan,
hätte ich endlich nur einen Plan!

Sehr gut! Vermutlich sind Sie zu der Einsicht gelangt, es sei von Vorteil, einen Plan für die Finanzen zu erstellen.
Einen Plan zu haben, ist ein sehr, sehr guter Anfang, um damit Erfolg zu haben bedarf es ständiger Selbstkontrolle und Beobachtung.

Stellen Sie sich vor, Sie möchten für Ihre besten Freunde am Wochenende ein festliches fünf-Gänge-Dinner bereiten.
Womit würden Sie beginnen?
Richtig – vermutlich werden Sie damit anfangen, sich darüber Gedanken zu machen was genau Sie zu welchem Gang auf den Tisch bringen möchten.
Sie visualisieren den prächtig gedeckten Tisch, auf dem ihr bestes Porzellan steht, unter Umständen werden Sie darüber nachdenken, welchen Wein Sie zum Hauptgang servieren.
Erst dann schreiben Sie Ihren Einkaufszettel, setzen sich in Ihren PKW und fahren zum nächsten Supermarkt, um die köstlichen Zutaten zu besorgen.

Es geht um Sie – Ihre Ziele
Einigen wir uns darauf, mit Ihrem Finanzplan ähnlich vorzugehen. Beginnen wir damit, Ihre Ziele zu definieren.
Wie genau soll Ihr Menü aussehen, schmecken und riechen, wenn Sie es servieren.
Die auf den vergangenen Seiten erwähnte Studie[5] besagt:

83 % der Studienabgänger hatten keine Ziele.
14% der Studienabgänger hatten klare Ziele, aber keinen Plan.
Nur 3% der Abgänger hatten beides, Ziel und Plan.

---

[5] Harvard-Studie

Diese 3% verdienten im Schnitt das 10fache als ihre Kollegen und bauten im Durchschnitt ein x-faches an Vermögen auf.

Je genauer und detaillierter Sie dabei vorgehen, umso mehr Spaß werden Sie daran finden, sich mit Ihrer eigenen Zukunft zu befassen.

Ziele und Zielsetzung

Wenn ein Seemann nicht weiß, welches Ufer er ansteuern muss, dann ist kein Wind der richtige[6]

Die wenigsten Menschen setzen sich an ihrem ersten Urlaubstag in ihr Auto und fahren einfach los, ohne wenigstens ansatzweise zu wissen, wo sie ihren verdienten Urlaub verbringen möchten.

Sehen wir uns gemeinsam die Geschichte von „Rocky" an, ich bin mir sicher, viele können sich noch an den Film erinnern.
Inspiriert durch einen Boxkampf von Muhammad Ali gegen den Underdog Chuck Wepner, schrieb Sylvester Stallone in seinem Wohnzimmer das Drehbuch für den Film Rocky.
Sylvester Stallone war zu diesem Zeitpunkt so pleite, dass er seinen Hund für verkaufen musste, um über die Runden zu kommen.
Das ist kein Scherz! Wegen akuter Geldnot verkaufte Stallone damals seinen Hund, einen Bullmastiff mit Namen Butkus, für 50 $, um ihn, nachdem er seinen ersten Scheck für den Film Rocky in den Händen hielt, vom neuen Besitzer für 3.000 $ zurückzukaufen.
Niemand hatte zu dieser Zeit an Sylvester Stallone geglaubt, welcher für sich nicht nur die Rolle als Drehbuchautor vorgesehen hatte, sondern auch darauf bestand, selbst Rocky zu sein.

---

[6] Lucius Seneca

Zwar gab es einige Interessenten für den Film, doch die Produzenten wollten alle einen großen Star wie zum Beispiel Ryan O'Neal in der Hauptrolle. Sylvester Stallone als Hauptdarsteller war für die Produzenten absolut unvorstellbar. Er allerdings hatte das feste Ziel, die Rolle selbst zu spielen, und er bestand darauf.
Ein Filmstudio bot ihm eine größere Summe für das von ihm geschriebene Drehbuch, Stallone lehnte ab. (Wie gesagt, er war zu diesem Zeitpunkt finanziell vollkommen am Ende.)
Sylvester Stallone war fest entschlossen, sein Ziel zu verwirklichen, und glaubte an seinen Erfolg. Nach langer Verhandlung bot ihm das Filmstudio einen Vertrag an, welcher kaum Festbezahlung, sondern ausschließlich aus einer 10 Prozentigen Gewinnbeteiligung bestand.
Der Rest der Geschichte sollte bekannt sein, der Film Rocky bekam drei Oskars, darunter den für den besten Film des Jahres. Für Sylvester Stallone war es der Start in eine Bilderbuchkarriere.
Warum war dieser Erfolg möglich? Stallone hatte ein festes Ziel, er ließ sich weder von der Kritik der „Fachleute" noch von der Verlockung des schnellen Geldes davon abbringen.

Thomas Edison machte 10.000 Versuche, bis er sein klar definiertes Ziel erreicht hatte. Die Glühbirne war keine zufällige Erfindung, sondern ein klares Ziel, woran Edison unermüdlich bereit war, zu arbeiten, bis er ein zufriedenstellendes Ergebnis erreicht hatte.

Stellen Sie sich vor, Sie besteigen ein Taxi in einer Großstadt und auf die Frage des Taxifahrers, „wo soll es denn hin gehen?", antworten Sie: „Ich weiß nicht so genau, fahren Sie mich irgendwo hin!"
Aber genau so gehen viele Menschen mit ihren Finanzen um. Viele Menschen machen irgendeinen Job für irgendein Geld, bezahlen zuerst die monatlichen Kosten und den Luxus und

legen dann irgendeinen nicht definierten Betrag zur Seite. Wenn Sie so vorgehen, brauchen Sie sich nicht zu wundern, wenn Sie IRGENDWO herauskommen.

Für folgende Übung und Suggestion benötigen Sie mindestens zwei Stunden Zeit. Ich möchte damit bezwecken, dass Ihnen vollkommen bewusst wird, warum es für Sie ein absolutes MUSS ist, Vermögen aufzubauen. Sie sollen hierbei ein solch hohes Maß an Energie entwickeln, dass die weiter folgenden Änderungen in Ihrem Leben ein Kinderspiel für Sie werden.

Mögliche Ziele könnten sein:
Eine Urlaubsreise, der Erwerb einer Immobilie, der Erwerb eines KFZ, mehr Freizeit mit der Familie, mehr Zeit für sich selbst, ein bestimmter Kontostand, welchen Sie anstreben, und alle anderen tollen Dinge, welche das Leben für Sie bereit hält.

Lassen Sie Ihrer Fantasie absolut freien Lauf. Jede Entwicklung hatte ihren Ursprung in der Fantasie eines Menschen. Ohne Fantasie hätte Rudolf Diesel niemals den Dieselmotor entwickelt, nach dem damaligen Stand der Technik war dies vollkommen unmöglich.
Haben Sie den Mut, Schöpfer Ihrer Zukunft zu werden, in Ihrer Fantasie sind Sie absolut frei und gelöst von allen Grenzen.
Haben Sie den Mut, sich Ihre Welt so vorzustellen, wie sie sein könnte.

Fantasie ist wichtiger als Wissen, denn Wissen ist begrenzt.[7]

Finden Sie Gründe warum Sie dieses Ziel erreichen müssen.
Je mehr Gewicht Sie in Ihre Begründung legen, umso mehr Antrieb werden Sie haben, um den Weg zu gehen.

---

[7] Albert Einstein

Sorgen Sie nun bitte für eine angenehme, ruhige Umgebung und beantworten Sie sich schriftlich auf einem noch leeren Block folgende Fragen.

1.
Was genau möchte ich innerhalb des nächsten Jahres erleben oder erwerben?
Warum möchte ich das?
Wie würde ich mich fühlen, wenn das Ziel bereits erreicht wäre?

2.
Was genau möchte ich innerhalb der nächsten drei Jahre erleben oder erwerben?
Warum möchte ich das?
Wie würde ich mich fühlen, wenn das Ziel bereits erreicht wäre?

3.
Was genau möchte ich innerhalb der nächsten zehn Jahre erleben oder erwerben?
Warum möchte ich das?
Wie würde ich mich fühlen wenn das Ziel bereits erreich wäre?

4 .
Wann möchte ich genügend Kapital haben, um meinen Ruhestand zu beginnen?
Wie und wo möchte ich genau im Alter leben?
Wie würde ich mich fühlen, wenn der Tag morgen wäre?

Sehr gut!
Sie haben nun einige Dinge aufgeschrieben, welche sie erreichen möchten. Der nächste Teil der Übung wird sein, dass wir sofort damit beginnen, mit unseren Zielen zu arbeiten.
Benutzen Sie bei diesem Teil der Übung bitte alle Ihre Sinne.

Wenn beispielsweise ein neues KFZ Ihr Ziel ist, visualisieren Sie die Optik, erzeugen Sie Bilder in Ihrem Bewusstsein, wie es aussieht, wenn das Fahrzeug vor Ihrem Haus steht, stellen Sie sich vor, wie es sich anfühlt, wenn Ihre Hand über den neuen Lack in Ihrer Wunschfarbe streicht, erleben Sie, wie das frische Leder im Innenraum riecht und wie der Sound des Motors seine Kraft entfaltet.

Wäre ein Sommerurlaub in einem fernem Land Ihr Ziel, könnten Sie sich bildlich vorstellen, wie Sie mit unter Palmen am türkisblauen Meer spazieren gehen, Sie fühlen den weichen, feinen Sand an Ihren Füßen, Sie fühlen, wie die Sonne Ihren Körper wärmt. Der salzige Geruch des Strandes weckt die Sehnsucht nach der Weite des Meeres in Ihnen. Sie halten kurz inne sehen hinaus aufs Meer, weit in der Ferne erblicken Sie ein kleines Fischerboot, der Anblick und das Rauschen der Brandung lässt ein ruhiges Gefühl der Geborgenheit in Ihnen entstehen.
Wie hat es sich diese kleine Traumreise in Ihre Zukunft für Sie angefühlt? Ich bin mir sicher, Sie haben bemerkenswerte Minuten erlebt.

Damit sich nun Ihre Ziele entfalten können, ist es wichtig, einige Dinge in Anwendung zu bringen, um die täglichen Stolperfallen zu überwinden.
In diesem Zuge nehmen sich meiner Auffassung nach Jedes Jahr zu Silvester Menschen viele Dinge vor. Knapp 50% davon überleben noch nicht mal die ersten drei Monate im Jahr. Weitere ca. 10% halten noch nicht einmal eine Woche durch.

Eine sehr bekannte und sehr erfolgreiche Praktik, um Ziele zu manifestieren, ist die SMART Methode[8]

---

[8] Quelle: G. T. Doran

SPEZIFISCH

Ziele müssen eindeutig definiert sein! Spezifisch steht für eine konkrete, unmissverständliche, positive Aussage. Mal angenommen, Sie sind musikalisch und möchten in nächster Zeit Geld für eine neue Gitarre ansparen.

Sagen Sie nicht, „mein Ziel ist eine neue Gitarre“, schmücken Sie den Gedanken aus und sagen Sie, „mein Ziel ist es, genügend Geld für eine schwarze Westerngitarre zu sparen. Goldene Wirbel spannen die sechs Seiten am dunkelbraunen Kopf. Das leicht gebogene Griffbrett mit den Silber glänzenden Bundstäben schmiegt sich gut in meine Griffhand. In der Mitte des Westernkorpus befindet sich ein reichlich verziertes Schallloch.“

MESSBAR

Ziele müssen messbar sein!

Haben Sie das Ziel, mehr Geld zu besitzen, und haben Sie dieses als Ziel so benannt? Dann machen Sie bitte jetzt folgendes. Egal, wo Sie sich gerade befinden, gehen Sie zum nächstmöglichen Menschen und fragen diesen, ob er Ihnen 10 Cent schenken würde!

Herzlichen Glückwunsch, Sie besitzen jetzt mehr Geld!

Dies war vermutlich so nicht in Ihrer Vorstellung, durch die ungenaue Definition werden Sie Ihr Ziel aber nie konkret erreichen können.

Je genauer Sie Ihre Wünsche und Ziele äußern, umso konkreter können Sie darauf zuarbeiten.

Sagen Sie also nicht, „ich möchte mehr Geld haben“, sagen Sie anstatt dessen, „für mich/mein Ziel möchte ich die Summe von XY € besitzen“.

Sagen Sie nicht, „ich möchte im nächsten Jahr mehr Freizeit haben“, sagen Sie, „ich werde mir im nächsten Jahr dreimal die Woche drei Stunden Zeit für ... nehmen“.

ATTRAKTIV

Ein Ziel muss Sie „anmachen“!

Je mehr Erregung (Vorfreude) Sie bei Ihrer Zielsuggestion spüren, umso mehr sind Sie bereit zu geben, um das angestrebte Ergebnis zu erreichen.

Waren Sie in Ihrem Leben schon einmal richtig verliebt? Sicher wären Sie bereit gewesen, alles zu tun um an ein Date mit dem oder derAangebeteten zu kommen.
Verlieben Sie sich in Ihre Ziele!

REALISTISCH
Ziele sollten herausfordernd, aber erreichbar sein.
Haben Sie alle Ressourcen, Befähigungen, Genehmigungen, um Ihr Ziel zu erreichen.
Der Weg, schnell Vermögen aufzubauen und dies durch einen Banküberfall zu tun, scheitert spätestens an der offiziellen Genehmigung.

TERMINIERT
Legen Sie einen genauen Zeitpunkt fest!
Eine der größten Schwächen des Menschen ist es, Dinge aufzuschieben. Diese Volkskrankheit ist wohl der häufigste Grund, aus welchem Ziele nicht erreicht werden. Die genaue Zeitangabe hilft uns schon deswegen, weil es uns ein wenig unter Druck setzt.

Bestimmung des finanziellen Potenzials

Wie hat es sich für Sie angefühlt die ersten Eindrücke Ihrer positiven Zukunft vor Augen zu haben?
Ihre Ziele sollen Ihnen die Kraft geben, um für das Erreichen zu kämpfen.

Ehe wir in der Lage sind, einen konkreten Plan für diesen Weg aufzubauen, müssen wir sehen, an welchem Punkt in Ihrem Leben Sie sich derzeit befinden.

Laut dem statistischen Bundesamt Wiesbaden lag der durchschnittliche Bruttolohn in der Bundesrepublik Deutschland im Jahr 2014 bei 3527,- € pro Monat.
Dies hört sich erstmal akzeptabel an, allerdings ist das mit dem Durchschnitt eben immer so eine Sache.
Nehmen wir an, Sie haben den Kopf im Herd, 80 Grad, und die Füße in der Gefriertruhe bei -50 Grad, dann hätten Sie eine durchschnittlich angenehme Körpertemperatur von angenehmen 30 Grad.
Die Realität führt uns eine Umfrage der Plattform Statista vor Augen, welche Familien mit Kindern mit folgender Frage konfrontierte: „Wie beurteilen Sie Ihre finanzielle Situation?“
72% der Befragten beurteilten die Situation, als weniger gut – was auch immer das heißen mag.
Umso verwunderlicher ist der Umstand, dass nach meiner eigenen Erfahrung 95% aller Menschen, welche ich in der Vergangenheit kennenlernen durfte, auf die spontane Frage nach dem eigenen Privatvermögen keine bzw. keine konkrete Antwort geben konnten.
Das heißt im Umkehrschluss, viele Menschen beklagen ihre finanzielle Situation, obwohl sie diese nicht konkret kennen.

Viele Menschen kennen einen der erfolgreichsten Schuldenberater Deutschlands – Peter Zwegat mit seiner Sendung „Raus aus den Schulden“.
Sicher ist jeder Fall, welcher dort behandelt wird, in seiner Weise anders, dennoch gibt es wichtige Dinge, welche in den meisten Sendungen, welche ich gesehen habe, ähnlich sind.
Die meisten Pleiten entstehen durch mangelnden Überblick, es besteht keine konkrete Aufstellung der finanziellen Situation.
So ist es eine wesentliche Kernaufgabe von Herrn Zwegat, die genaue Situation zu erfassen und seinen Schuldnern diese aufzuzeigen.

Das Ergebnis ist nicht immer angenehm und sicher ist es auch in einigen Fällen sehr schmerzhaft, der Realität in die Augen zu sehen.

Genauso emotional positiv kann eine solche Datenerfassung in umgekehrter Weise sein, wenn Menschen feststellen, dass Sie von Ihrem größten Ziel nur zwei Schriftstücke entfernt sind.

Auch in den ersten Gesprächen, welche ich mit Menschen führe, die das Interesse bekunden, sich von mir finanziell beraten zu lassen, geht es schon immer um deren Ziele und die Erfassung der Ist-Situation.
So hatte einer meiner Mandanten im Jahr 2004 als wichtigstes finanzielles Ziel die Ablöse seiner Hypothek gesetzt und wollte dies innerhalb der nächsten zehn Jahre per Sondertilgung umsetzen.
Bei genauer Durchsicht seiner Unterlagen fanden wir wie durch ein Wunder eine Kapitallebensversicherung mit einem Rückkaufswert von 70.000,- € (Nettorendite der KLV lag bei 2,7%), die Hypothek hatte eine Ablösesumme von 45.000,-€.
Bei einem Sollzins von damals 5,5% war es nicht nur ein lohnenswertes Geschäft für den Mandanten, sondern eine extreme emotionale Entlastung, dieses wichtige Lebensziel sofort umsetzen zu können und mit dem Wissen zu leben, schuldenfrei zu sein.
Alleine durch die gründliche Durchsicht aller Unterlagen gelang uns in dieser Beratung eine Verkürzung des ursprünglichen Zieles von zehn Jahren, vom finanziellen Aspekt der Zinsersparnis ganz zu schweigen.

Leider kommt es sehr häufig vor, dass bei genauer Gegenüberstellung von Spar- und Kreditverträgen (häufig bei Bausparverträgen) folgendes festzustellen ist.

Sparvertrag Habenszins: +1,5%
Kreditvertrag Sollzins: -4,5%

Bei einem Darlehen von 50.000,-€ und gleichzeitigem Guthaben von 50.000,-€ macht das 1.500,-€ pro Jahr welche die Bank (Bausparkasse) an Ihnen verdient, bei 100%er Sicherheit!

Sicher haben Sie in der Vergangenheit einige Statistiken geführt, zum Beispiel Einnahmen- Ausgabenberechnung, auf den folgenden Seiten geht es um eine komplette Analyse Ihrer finanziellen Gesamtsituation, ohne eine Bewertung an der Qualität Ihrer bisherigen Anlage bzw. Sparprodukte vorzunehmen. Dazu kommen wir später.
Für die Umsetzung habe ich Ihnen auf den folgenden Seiten einige Excel-Tabellen aufbereitet, welche Ihnen Hilfestellung leisten sollen (erweitern Sie diese bei Bedarf).
Vollkommen unbeachtet, wie erfolgreich Sie bereits sind, werden Ihnen vollkommen neue Erkenntnisse zuteil, wenn Sie diese nicht Lebens, -aber „reichtumswichtige" Aufgabe mit aller Sorgfalt erledigen. Es geht vorerst ausschließlich darum, einen Gesamtüberblick über Ihre derzeitige Situation zu bekommen. Einige Kapitel später, im Kapitel 6, werden wir diese Tabellen benötigen, um wichtige Entscheidungen für Ihre Zukunft zu treffen.
(Ich empfehle folgende Tabellen mindestens einmal pro Jahr aufs Neue zu bearbeiten).

Nehmen Sie sich hierfür bitte die Zeit, welche Sie benötigen, um alle Informationen zu besorgen, falls diese nicht griffbereit sind. Lesen Sie bitte erst weiter, wenn Sie diese Aufgabe erledigt haben, und beginnen Sie jetzt!

Kontoguthaben/Bankguthaben (Girokonto/Sparbuch/Tagesgeld/Banksparpläne/Prämiensparer......)							
Institut	Kontonummer	Vertragsart	Zinsertrag in %	Laufzeit in Monaten	Kündigungsfrist in Monaten	Guthaben	Beitrag laut Zahlweise
Gesamt							

Versicherungsverträge Unfall,- Lebens-, Rentenversicherung (Kapitalgedeckt/Fondsgebunden)							
Gesellschaft	Vertragsnr.	Versicherungs leistung *	Zins/Rendite	Laufzeit In Monaten	Kündbar Ja/Nein	Rückkaufswert	Beitrag laut Zahlweise
Gesamt							

*beachten Sie den Umstand, dass bei diesen Verträgen häufig Risikoleistungen enthalten sind. Diese spielen in Ihrer Analyse eine wesentliche Rolle. Dies können sein Todesfallschutz, Unfallschutz, Rente bei Berufsunfähigkeit, Altersrente

Bausparverträge							
Gesellschaft	Vertragsnr.	Bausparsumme	Zins/Rendite	Laufzeit In Monaten	Kündigungsfrist in Monaten	Guthaben	Beitrag laut Zahlweise
Gesamt							

Aktien, Wertpapier oder Fondsdepot							
Gesellschaft	Depotnr.	WKN/ISIN	Zins/Rendite ɸ 60 Monate	Laufzeit In Monaten	Kündigungsfrist in Monaten	Guthaben	Beitrag laut Zahlweise
Gesamt							

Nicht eigengenutzte, physische Sachwerte wie Immobilien, Rohstoffe, Oldtimer, Uhren…..					
Sachwert Bezeichnung	Lagerstelle Ort	Zeitwert/Kurs	Zins/Rendite ɸ 60 Monate	Kreditfinanziert Ja /Nein	

Sonstige Beispielsweise: Beteiligungen, Genussrechte, Pfandbriefe…..							
Art	Emittent Gesellschaft	Vertragsnummer	Zins/Rendite ɸ 60 Monate	Laufzeit In Monaten	Kündigungsfrist in Monaten	Guthaben	Beitrag laut Zahlweise
Gesamt							

Verbindlichkeiten							
Institut	Zweckbindung	Vertragsnummer	Zins	Restlaufzeit in Monaten	Kündigungsfrist in Monaten	Restschuld	Rate
Gesamt							

2.2 Wer ist der größte Feind Ihres Geldes?

Haben Sie vielleicht in der Vergangenheit Menschen kennengelernt, welche sich einfach über alles und jeden beschweren?
So ist der Arbeitgeber Schuld, dass sie nicht genügend verdienen um über die Runden zu kommen, der Staat ist Schuld weil die Steuern und Abgaben zu hoch sind, die Krankenkasse ist Schuld weil diese gerade ihre Gebühren erhöht hat und der Dorfbürgermeister macht auch nicht die nötigen Dinge fürs Allgemeinwohl. Noch schlimmer, die eigene Frau gibt das Geld achtlos aus und die Kinder werden auch jedes Jahr teurer.
Das Geld scheint diesen Menschen nur so durch die Finger zu rinnen, wobei am anderen Ende die Konsumschulden beständig anwachsen.

Fast jeder zehnte Erwachsene in Deutschland ist nach Angaben der Wirtschaftsauskunft Creditreform überschuldet. Demzufolge sind ca. 6,7 Millionen Menschen in unserem Land nicht in der Lage ihren Zahlungsverpflichtungen nachzukommen. Im gesamten summiert sich der Schuldenberg auf knapp 230 Milliarden Euro. Wohlgemerkt In einem der reichsten Ländern der Welt!
Häufig beginnt der Weg zur Überschuldung bereits mit Vollendung des 18. Lebensjahres und dem Eintritt in die Volljährigkeit.
Unser Azubi freut sich, nun endlich Verträge auf eigenen Namen abschließen zu können Handyvertrag, Kreditkarte, Autoleasing und der neue LED TV XXL auf Raten. Ehe er sich versieht, reicht sein Lehrlingslohn gerade noch für die monatlichen Raten aus, nun beginnt die Schlinge um seinen Hals enger zu werden. Der nächste Gang ist zur Bank des Vertrauens, diese bietet freizügig eine Umschuldung an, alle Kredite werden zusammengefasst um die Rate zu senken, der Konsumrausch kann

weiter gehen. X-Box auf Raten, neues Handy, den Urlaub kann man auch auf drei Jahre finanzieren und so weiter und so weiter ...

Marius Müller Westernhagen sang in den 90ern:

Mach dir keine Sorgen, es wird schon weitergeh'n.
Wir werden uns was borgen und wieder jung ausseh'n.

Jeder hat das Recht durchs Leben zu gehen. wie er das möchte, mancher auch als schlechtes Beispiel. Eines kann ich Ihnen versichern: Finanziell Unabhängig oder zumindest wohlhabend werden Sie mit dieser Vorgehensweise nicht.

Jeder Selbstständige kennt dies ohnehin: die Jährliche Bilanz oder Einnahmen-Überschuss-Rechnung. Es hat sich für mich noch nicht erschlossen, aus welchem Grund auch viele erfolgreiche Geschäftsmänner diese einfache Method k wohl im geschäftlichen Bereich anwenden und im privaten Bereich ohne jede Kontrolle die Finanzen sich selbst überlassen.

Nehmen Sie sich die Zeit für Ihre Finanzen, wenigstens dieses eine Mal in Ihrem Leben und beginnen Sie JETZT mit dem erstellen Ihres Haushaltsplanes, einer Auflistung al Ihrer Einnahmen und Ausgaben.

Die Tabellen auf den folgenden Seiten sollen Ihnen hierbei helfen.

Ein weiteres Hilfsinstrument wäre es, für einen Zeitraum von mindestens acht Wochen ein Haushaltsbuch zu führen. Viele Menschen sagen mir bei diesem Vorschlag Sätze wie: „Ich bin doch kein Jugendlicher mehr!"
„Ich habe meine Ausgaben genau im Blick!"
„Ich benötige so etwas nicht!"

„Das habe ich schon vor Jahren getan!"
... und so weiter und so weiter.
Eben all diese schönen Ausreden, welche rechtfertigen sollen, dass sie diese unbequeme Aufgabe nicht erledigen müssen.

Sicher werden Sie keine Wunder erleben, aber Sie werden ebenso sicher wertvolle Erkenntnisse gewinnen, die Ihren zukünftigen Umgang mit Geld im Wesentlichen beeinflussen – verlassen Sie sich darauf.

Bezeichnung	Januar	Februar	März	April	Mai	Juni	gesamt
Lohn/Gehalt 1							
Nebenjob							
Gewerbe							
Honorar							
Elterngeld							
Landwirtschaft							
Vermietung							
Kindergeld							
Kapitalerträge							
Unterhalt							
Urlaubsgeld							
Weihnachtsgeld							
Bonifikation							
Sonstiges							

Bezeichnung	Juli	August	September	Oktober	November	Dezember	gesamt
Lohn/Gehalt 1							
Nebenjob							
Gewerbe							
Honorar							
Elterngeld							
Landwirtschaft							
Vermietung							
Kindergeld							
Kapitalerträge							
Unterhalt							
Urlaubsgeld							
Weihnachtsgeld							
Bonifikation							
Sonstiges							

Wohnen		**Verkehr**		**Kommunikation**		**Lebenshaltung**	
Miete		Kreditrate		Telefon		Ernährung	
Hypothek		Leasing		Handy		Bekleidung	
Nebenkosten		Steuer		Internet		Körperpflege	
Heizkosten		Wartung Service		GEZ		Sport	
Strom		ADAC		Kabel		Urlaub Reisen	
Garage		Öffentliche Verkehrsmittel		Pay TV		Pharmazie Nahrungsergänzung	
Grundsteuer		Fahrgeld		Mobiles Internet		Bildung Bücher, Zeitschriften	
Rücklagen*		sonstige		sonstige		sonstige	
Gesamt							

Versicherung		**Versicherung**		**Kredite**		**Sonstige**	
Haftpflicht		Risiko Berufs- Erwerbsunf.		Zinsen Konto Überziehung		Rauchen	
Hausrat		Schwere Krankheiten		Ratenkredit		Vereinsbeiträge	
KFZ		Haustier		Ratenkredit		Haustiere	
Unfall		Motorrad Moped, Quad				Taschengeld	
Risiko Leben		Grundstücks Haftpflicht				Kindergarten	
Kranken		Betriebs haftpflicht				Unterhaltszahlung	
Rechtschutz						sonstige	
Wohngebäude							
Gesamt							

Sehr gut! Sie haben in den vergangen Tagen einen ganz wichtigen Schritt getan, um Ihre Finanzen in die richtige Richtung zu lenken. Lassen Sie uns gemeinsam einen Blick zurückwerfen, Sie haben

Ihre Ziele definiert und
Eine komplette Aufstellung Ihrer Finanzen erstellt
Einen Gesamtüberblick Ihrer Einnahmen und Ausgaben erarbeitet

Welche Erkenntnisse haben Sie bisher gewonnen?

Wenn Sie Ihr Guthaben gegen Ihre Verbindlichkeiten rechnen (Hypothek nicht eingerechnet) haben Sie dann mehr auf der Haben- oder mehr auf der Sollseite stehen?

Geben Sie mehr aus, als Sie einnehmen, oder haben Sie bereits jetzt am Ende des Monats Geld übrig?

Viele Menschen in unserem Land leben über ihre Verhältnisse um mit anderen mithalten zu können. Wir fahren zu dicke Autos, leben in unverhältnismäßig großen Wohnungen oder zu teuren Häusern. Wir geben Unmengen an Geld für unnütze Dinge aus, welche zum einen niemand benötigt, oder Dinge, die nach kurzem Gebrauch in irgendeiner Abstellkammer ihrer zu großen Wohnung landen.
Ich bin fest davon überzeugt, wenn Sie ein Wochenende dafür nutzen, sich von unnützem Kram zu trennen, haben sie danach so viel Platz in Ihrer Wohnung oder Ihrem Haus geschaffen, dass sie bequem in ein kleineres Domizil umziehen könnten.
Wir konsumieren und konsumieren und die Freude am Konsum schwindet mit jeder Neuanschaffung ein wenig mehr.
Sicher ist es in einer Zeit von Dauerwerbebeeinträchtigung schwer, NEIN zu sagen, Sie können sich darin konditionieren,

indem Sie verschiedene Gewohnheiten ablegen und Ihre Verhaltensweisen ändern.

Es ist mir durchaus bewusst, dass die nun folgenden Empfehlungen einen großen Schritt für Sie bedeuten, welcher am Anfang mit viel Entbehrung verbunden sein kann.

Denken Sie dabei stets daran, dass all die Entbehrungen und der Verzicht auf unnötigen Konsum Sie tagtäglich Ihren eigentlichen Zielen näher bringt.

2.3 Drei Strategien gegen unnötigen Konsum

2.3.1 Streichen Sie alle unnötigen Ausgaben

Haben Sie bereits begonnen, Ihr Haushaltsbuch zu führen, wenigstens einen kurzen Zeitraum?!
Anhand Ihrer Fixkostenliste und Ihrem Haushaltsbuch können Sie beginnen, die unnötigen Dinge aus Ihrem Leben zu streichen. Da könnte das Zeitschriftenabonnement sein, welches Sie nur zur Hälfte lesen.
Der Fitnessstudiobeitrag, welches Sie nur ein bis zweimal im Monat besuchen.
Der Pay-TV–Beitrag, den Sie bezahlen, um einmal in der Woche Fußball zu schauen.
Die tägliche Brotzeit aus der Kantine für nur 6,-€.
Der Energydrink auf dem Weg zur Arbeit.

All die kleinen Geldabgänge, die kaum spürbar Ihr monatliches Budget belasten, obwohl Sie Ihnen kaum einen echten Genuss oder Vorteil in Ihr Leben bringen.

Hier einige Berechnungen, um Ihnen zu zeigen, welchen Betrag Sie tatsächlich für diese kleinen Annehmlichkeiten bezahlen.

Beispiel 1:
Pay TV: 19,99 € im Monat x 12 Monate x 15 Jahre x 6% Rendite ergibt einen Endbetrag von **5763,-€** inclusive einem Gewinn von **2165,-€**, den Sie nicht haben, weil Sie Ihre Zeit zudem sinnlos vor dem Fernseher verbringen.

Beispiel 2:
5,-€ täglich für 2 Energydrinks oder Kaffee auf dem Weg zur Arbeit x20 Arbeitstage x 12 Monate x 10 Jahre ergibt für Sie einen Endbetrag von **16326,-€,** inclusive einem Gewinn von **4326,-€**

Beispiel 3:
Sie sind Raucher? Oder kennen Sie einen Raucher, der ca. eine Packung Zigaretten pro Tag in der Luft verdampfen lässt?

Diese sinnlose gesundheitsschädigende Gewohnheit kostet Sie im Laufe Ihres Raucherlebens (kürzere Lebenserwartung berücksichtigt) unterstellte Rendite 12% eines guten Aktienfonds, oder glauben sie tatsächlich Aktienfonds wären riskanter als Zigaretten?
Gehen wir davon aus, eine Packung Zigaretten kostet Sie 6,- € und Sie konsumieren diese von Ihrem 25ten Lebensjahr bis zum Renteneintritt mit 65.
Im Rentenalter müssen Sie dank gesetzlicher Rente ohnehin aufhören zu rauchen weil Sie sich Ihre Zigaretten dann nicht mehr leisten können.

Berechnung:
6,- € x 30 Arbeitstage ergibt 180,-€ im Monat x 40 Jahre berechnet auf 12% Zinseszins, Kosten für Ausgabeaufschlag 5% berücksichtigt.

Sie verbrennen in Ihrem Leben
1.678.812,17,-€

Entscheiden Sie bitte selbst, rauchen Sie weiter oder werden Sie Millionär – es ist Ihr Leben!

2.3.2 Bezahlen Sie mit Bargeld

Wie praktisch Sie Ihre Kreditkartensammlung auch sehen, Ihre Ausgaben lassen sich leichter überwachen, indem Sie ab heute Ihren Lebensunterhalt mit Bargeld bestreiten. Wenn Sie ehrlich zu sich sind ist Ihnen sicher auch schon folgendes passiert: Es ist Monatsende. Sie öffnen den Brief mit Ihrer Kreditkartenabrechnung und am unteren Ende des Briefes entdecken Sie eine Zahl, welche Ihnen das Blut in den Adern gefrieren lässt. Sie haben den Einkauf xy im xy Markt vergessen und der nun fällige Betrag ist höher, als Sie es für diesen Monat eingeplant haben. Dieses Defizit schieben Sie nun sechs Monate vor sich her bis alles wieder in geordneten Bahnen läuft.

Sie stehen im Konsumtempel xy, die Angebote scheinen von allen Seiten so verlockend und günstig – Sie könnten das Supermegaschnäppchen machen. Eigentlich haben Sie dieses Kleidungsstück nicht eingeplant und benötigen auch keine neuen Schuhe, ein Blick in Ihre Geldbörse sagt Ihnen – lass es!
Wie einfach ist es nun, die Kreditkarte zu zücken um sich einen kleinen Glücksmoment zu finanzieren.
Am Ende sind wir eben doch alle Jäger und Sammler.

Seien Sie konsequent und lassen Sie in Zukunft Ihre Kreditkarten zuhause, oder besser geben Sie diese einfach an die Bank zurück.

Anhand Ihrer Ausgabentabelle können Sie relativ genau berechnen wie hoch Ihre Konsumausgaben im Monat sind. Teilen Sie den Betrag durch 4 und heben diese Summe wöchentlich von Ihrem Konto ab. Beweisen Sie sich selbst, dass Sie damit auskommen können.

2.3.3 Tätigen Sie keine Spontankäufe

Ja es ist sicher verlockend, Kaufhäuser tun auch ihr bestes, um es Ihnen schier unmöglich zu machen auf die spontanen „Schnäppchen" zu verzichten. Winterschlussverkauf, Weihnachtssonderverkauf, Sommerschlussverkauf, Aktionswochen hier und Billigpreisgarantie dort.
All diese scheinbar einmalig guten Angebote wecken den Jäger in Ihnen.
Sie schlendern durch ein Kaufhaus-Topangebot rechts, Tagesangebot links und am Ende verlassen Sie den Tempel mit einer Tüte neuer Dinge, welche Sie:

- nicht vorhatten zu kaufen
- nicht dringend benötigen
- Ihnen zuhause bereits nicht mehr gefallen

Wie können Sie dem entgehen?
Wenden Sie wenigstens in den nächsten sechs Wochen folgende Strategie an: Immer wenn Sie der Meinung sind, spontan eine bestimmte Sache kaufen zu müssen, oder wenn Ihnen ein Angebot als günstig erscheint, dann fragen Sie den Verkäufer, ob er Ihnen diesen Artikel einen Tag zurücklegen kann, gehen Sie nach Hause und holen Sie den Artikel am nächsten Tag – falls Sie dann immer noch der Meinung sind, dieses Teil unbedingt zu benötigen.

Geben Sie sich bei Anschaffungen über 100,-€ immer die Möglichkeit, verschiedene Angebote nach Preis und Qualität zu vergleichen.
Nicht immer hat das teuerste Angebot die beste Qualität, sehr häufig kaufen Sie das billigste Angebot doppelt.
Verstehen Sie mich bitte richtig! Ich möchte aus Ihnen keinen weltfremden Geizkragen machen, der jedem Euro hinterherweint.
Wenn wir es durch einige kleine Änderungen schaffen, 50% der unnötigen Ausgaben zu vermeiden, dann werden Sie unglaubliche Ergebnisse erzielen.

Drei Strategien gegen unnötigen Konsum

Zusammenfassung:

Streichen Sie alle unnötigen Ausgaben!
Bezahlen Sie mit Bargeld!
Tätigen Sie keine Spontankäufe!

2.4 Struktur für ihr monatliches Budget

Beginnen wir nun eine Struktur in Ihre monatlichen Kosten und Einnahmen zu bringen.

Miete/Hypothek
Wenn ich Ihnen nun sage, die Kaltmiete oder Finanzierung Ihres Lebensraumes sollte 30% Ihres Nettoeinkommens nicht übersteigen, dann meine ich das verdammt ernst. Das entspricht bei einem Nettoeinkommen von beispielsweise 2200,- € einer Miete von 660,-€
Sicher kennen Sie Menschen in Ihrem Bekanntenkreis (sicher nicht Sie selbst), welche in viel zu großen Wohnungen oder zu

teuren Gegenden wohnen, nur um etwas darzustellen, was sie in Wahrheit gar nicht sind.
Vielleicht werden Sie nun sagen: „Naja es sind bei mir 38% das ist ja nur 8% mehr“ – Nein, stopp! Das sind 8% zu viel! Sie haben konsequenterweise zwei Möglichkeiten, entweder, Sie passen Ihren Verdienst an oder Sie ziehen um!
Und wenn Sie in einer Großstadt wie München 60% Ihres Einkommens nur für Miete Ihres Lebensraums berappen müssen, sehen Sie es einfach ein! Sie können es sich nicht leisten, dort zu leben!

Nebenkosten und Lebenshaltung

Reich werden Sie nicht durch das Geld, welches Sie verdienen, sondern durch das, was Sie nicht ausgeben.

Für Lebenshaltungs- und Fixkosten wie z.B. Strom, Wasser, Nahrung, Kleidung, Körperpflege, Freizeit usw. sollten sie ein Maximum von 25% Ihres Einkommens zur Verfügung stellen dies wären dann weitere 550,-€.

Das KFZ:
80% aller Menschen in unserem Land, fahren für Ihr Einkommen viel zu große oder teure Fahrzeuge.
Werfen Sie bitte in den nächsten Tagen einen aufmerksamen Blick auf die Straßen oder in Ihre eigene Garage.
Wenn ein junger Mensch mit 30.000,- € Jahrese nkommen ein Fahrzeug der gehobenen Mittelklasse für 50.000,-€ fährt verrate ich Ihnen jetzt ein Geheimnis: „Dieses Fahrzeug macht Sie langfristig arm!“
Für Transportkosten sollten Sie maximal 20% Ihres Nettoeinkommens aufbringen müssen, Leasing, Versicherung Werkstatt inclusive.

Sollten Sie festgestellt haben, dass Ihre derzeitigen Kosten höher sind, dann sollten Sie sich dringend nach einem günstigeren Fahrzeug umsehen.

Konsumschulden

Überschuldung ist eine leidige Begleiterscheinung unserer heutigen Konsumgesellschaft.

Menschen, die verschuldet sind, haben häufig schlechte Gefühle, sie fühlen sich minderwertig oder empfinden gar Scham.

Gestehen Sie sich ein, Ihren vorweggenommenen Konsum zurück bezahlen zu müssen aber tun Sie dies mit System.

Aus rein rechnerischer Sicht erscheint es auf den ersten Blick sinnvoll, die Kreditrückzahlung mit möglichst hohen Raten zu vereinbaren.

Kreditzinsen sind meist höher oder wenigstens gleichhoch wie die Rendite, welche Sie beim Sparen erwirtschaften.

Aus psychologischer Sicht bringt es Ihnen nichts, all Ihr Geld in die Tilgung von Schulden zu stecken. Sie sollten unbedingt parallel zur Schuldentilgung sofort mit dem Kapitalaufbau beginnen. Es wird Ihnen Motivation geben, Ihre Kontostände wachsen zu sehen und zudem bleiben Sie deutlich flexibler.

Verwenden Sie daher maximal 5% Ihres Nettoeinkommens für Ratenkredite.

In unserem Beispiel von 2.200,-€ Nettoverdienst demzufolge maximal 110,-€.

Kapitalaufbau

Eventuell können sind heute nicht einmal ansatzweise in der Lage sein, zu erahnen wie viel Vermögen Sie mit regelmäßigem Sparen aufbauen können. Allerdings bedarf es hierfür auch etwas Disziplin.

Als Mitteleuropäer haben Sie in der heutigen Zeit ohnehin keine andere Wahl, oder glauben Sie ernsthaft an Wohlstand im Alter

durch die gesetzliche Rente? Aber dazu kommen wir später noch ausführlich.
Es stellt sich nicht die Frage, ob Sie Kapital aufbauen wollen, Sie müssen es, um später nicht an der Armutsgrenze zu leben.
Von Ihrem monatlichen Einkommen sollten Sie in Zukunft absolutes Minimum 15% Ihres Nettoeinkommens für Ihren Kapitalaufbau zurücklegen. Wenn Sie keine Kredite bedienen müssen belohnen Sie sich mit 20% Sparrate.

Die eiserne Reserve:
Wie oft schon hatte ich in der Vergangenheit die Situation, dass mich einer meiner Investmentkunden anrief um mir am Telefon zu erklären, dass er einen kleinen Betrag aus seinem Depot benötigt, weil eine Autoreparatur ansteht oder plötzlich die Waschmaschine ihren Dienst versagt.
Für solch kurzfristigen Kapitalbedarf gibt es eine ganz wichtige Regel

„Finger weg von Ihren mittel- und langfristigen Geldanlagen."

Sie zerstören nicht nur Ihre selbst gesetzten Ziele, sondern auch den Zinseszinseffekt Ihrer Kapitalanlage.
Wir werden für diesen Zweck eine Reserve von 5% Ihres Einkommens einplanen welche Sie monatlich auf ein Tagesgeldkonto überweisen.

Sonderzahlungen:
Eine respektable Leistung, durfte ich vor einigen Jahren bei einem Termin mit einem neuen Mandanten entdecken. Dieser hatte im Laufe der Jahre all seine Sondervergütungen wie Urlaubsgeld und Weihnachtsgeld direkt in Vorzugsaktien seines Unternehmens umgewandelt. Er hatte Sonderzahlungen von ca. 2.500,- € Netto im Jahr erhalten, seine Firma bot Ihm an seinem Depot für jede erworbene Aktie eine weiteres Wertpapier hinzuzufügen.

Nach nur zehn Jahren war der Wert dieses Depots auf ca. 80.000,- € angewachsen.
Legen Sie Sonderzahlungen beiseite und lassen Sie diese nicht in Ihren Haushalt einfließen.
Sonderzahlungen sind: Steuerrückzahlungen, Sonderprämien, Bonifikationen, Urlaubsgeld, Weihnachtsgeld ...

Zusammenfassung

Nettoeinkommen: €	Ist Stand		Ziel	
	In %	in €	In %	in €
Miete , Hypothek			30%	
Nebenkosten, Lebenshaltung Freizeitkosten			25%	
KFZ und Transportkosten			20%	
Konsumkredite			5%	
mittel- und langfristige Sparanlangen			15%	
Rücklage, Reserve kurzfristig			5%	

Ihre Bedürfnisse

Nachdem Sie nun wissen, wohin Sie der Weg führen soll (Ihre Ziele) und Sie Ihre derzeitige Situation genau vor Augen haben, möchte ich nochmals auf Ihre Gefühle eingehen. Unter Umständen stellen Sie sich nun die Frage, wie Sie durch all den Verzicht Ihre Bedürfnisse befriedigen können.
Fangen Sie an, Dinge genauer zu hinterfragen.

Befriedigen Sie mit einem Energydrink oder einer Schachtel Zigaretten tatsächlich eines Ihrer Grundbedürfnisse oder ist es nur eine Ersatzbefriedigung für ein anderes tatsächliches Bedürfnis?
Welche Geschichte erzählen Sie sich selbst, dass dies oder jenes eine so wichtige Rolle in Ihrem Leben spielt, dass Sie davon nicht lassen können?
Niemand kann Sie hierbei besser verstehen als Ich. Ich war selbst 20 Jahre lang Raucher und habe meine Gesundheit und meinen Geldbeutel mit ein bis zwei Packungen Zigaretten am Tag belastet. Mein Glaubenssatz, welcher mich jahrelang am Aufhören gehindert hat, war die Angst an Gewicht zuzunehmen wenn ich die Finger von den Zigaretten lasse.

Abbildung 1: Rauchen Sie ruhig

Meistens haben unsere Geschichten mehr mit unseren Ängsten zu tun als mit tatsächlichem Genuss. Als Raucher haben Sie eben im seltensten Fall einen bewussten Genussmoment, wenn Sie sich eine Zigarette anzünden, aber häufig begleiten den Raucher Ängste an eine Zukunft ohne Tabak. Hier nur einige wenige Sätze aus meiner eigenen Geschichtensammlung übers nichtrauchen.

„Ich könnte an Gewicht zunehmen."
„Der morgendliche Kaffee schmeckt nicht mehr ohne Zigarette."
„Ich werde alleine am Tisch sitzen, wenn alle raus gehen zum Rauchen."
„Meine Konzentration könnte durch den Entzug nachlassen."
Und so weiter und so weiter ....

Grundsätzlich tragen wir Menschen sieben Grundängste in uns. Wir sind bemüht, ständig der Welt unseren Wert oder unsere Fähigkeiten zu beweisen, um akzeptiert, anerkannt oder geliebt zu werden. Sieben Ängste, die wir meist unterdrücken oder eben mit Konsum oder Gewohnheiten bekämpfen.

- Die **Angst vor Haltlosigkeit**
- Die **Angst vor Wertlosigkeit**
- Die **Angst vor Überforderung**
- Die **Angst vor Unzulänglichkeit**
- Die **Angst vor Kontrollverlust**
- Die **Angst vor Sinnlosigkeit**
- Die **Angst vor Integritätsverlust**

Prüfen Sie die Geschichten welche Sie sich erzählen, finden Sie heraus, welche „Angst" der wahre Grund ist, warum Sie gewisse Dinge besitzen müssen oder warum Sie von schlechten Gewohnheiten nicht loslassen wollen.

- „Warum benötige/mache ich das wirklich?“
- „Warum halte ich an dieser Gewohnheit fest?“
- „Wem will ich dadurch gefallen.“
- „Welches Bedürfnis möchte ich Hiermit abdecken“

Natürlich hat jeder Mensch Bedürfnisse und ich möchte Sie auch nicht davon überzeugen diese auf ein absolutes Minimum zu reduzieren. Vielmehr geht es darum zu erkennen wann es sich um ein echtes Bedürfnis handelt und wann wir uns dem unnötigen Konsum, alten Gewohnheiten oder Bequemlichkeiten hingeben.

Der amerikanische Psychologe Abraham Maslow erforschte gesunde, erfolgreiche und glückliche Menschen. Dabei entdeckte er, dass man die menschlichen Bedürfnisse nach einer bestimmten Rangordnung einteilen kann. Alle Bedürfnisse zusammen kann man sich als Schichten einer Pyramide vorstellen. Sobald eine Stufe erreicht ist, hat der Mensch das Bestreben, die nächsthöhere Stufe zu erreichen. (Maslow, 1987)

Abbildung 2: Maslow Pyramide

Physiologische Bedürfnisse, Grundbedürfnisse
Die wichtigsten Grundbedürfnisse eines Menschen sind essen, trinken und Sexualität und wollen kontinuierlich befriedigt werden. Wenn wir diese Bedürfnisse konstant erfüllen, verlieren sie für uns erstmal an Bedeutung. Umso deutlicher wird uns dies bei einer längeren Diät oder gar in der Fastenzeit.

Sicherheitsbedürfnisse
Sicherheit ist eines unserer stärksten Bedürfnisse, dies ist Teil unserer Urinstinkte. Bei unseren Vorfahren ging es hierbei in erster Linie um das blanke Überleben. Heute geht es in unserer Zeit um mehr als nur die Tatsache, kein körperliches Leid zu erfahren. Wir sehnen uns heute sehr häufig nach Stabilität im Alltag, Schutz durch Gesetze, klare Strukturen und Garantieversprechen, welche uns ein gutes Gefühl vermitteln.

Banken und Versicherungsunternehmen kennen dieses Sicherheitsbedürfnis genau und verdienen alleine mit diesem Grundbedürfnis jedes Jahr Milliarden von Euro. Ihnen ein vermeintliches Gefühl von Sicherheit zu geben, hat sich in unserer Welt zu einem gigantischen Geschäftsmodell entwickelt.

Unsere Vorfahren haben in der Nacht ihre Nahrungslager von Wachen des eigenen Stammes beaufsichtigen lassen, niemand wäre auf die Idee gekommen, einen hungrigen Bären zur Nachtwache abzustellen.

Der Wolf, der die Schafherde bewacht, ist in unserer Zeit so selbstverständlich geworden, dass wir unseren Kindern im Grundschulalter bereits mit ihrem Sparbuch zur Bank schicken, um dort ihr Taschengeld einzuzahlen.

Zugehörigkeits- und Liebesbedürfnisse:
Ergebnisse psychologischer Studien zeigen uns sehr deutlich die negativen Auswirkungen auf unsere Persönlichkeit, wenn Menschen Ihre Zugehörigkeit verlieren.
Der Mensch ist bereit, vieles zu opfern, nur um „dazu" zu gehören. Egal, ob wir Menschen durch persönliche Aufopferung oder durch teure Geschenke an uns binden wollen, sollten wir hierbei unsere persönlichen und finanziellen Möglichkeiten im Auge behalten.
Wie oft habe ich in der Vergangenheit erlebt, dass mit einem sündhaft teuren Diamantring die Angst vor Liebesverlust bekämpft wird, obwohl der Verschenkende keinen Euro auf der hohen Kante hatte. Der „edle Spender", welcher im Tanzlokal eine Runde nach der anderen in den Tisch stellt, befriedigt hiermit häufig sein Bedürfnis nach Zugehörigkeit und verlässt das Lokal am frühen Morgen mit vollkommen leeren Taschen.
Wertschätzungs- und Geltungsbedürfnis:
Zeigt sich nicht selten durch das Streben nach Prestige, Status, Ruhm und Macht.

„Einen erheblichen Teil Ihres Einkommens opfern unzählige Menschen dem Geltungsbedürfnis und dem Nachahmungstrieb"[11] (Limpach)

Ich bin fest der Überzeugung, in dieser Stufe der Bedürfnispyramide verschrotten die Menschen das meiste Kapital. Um Dinge anzuschaffen, welche sie nicht benötigen, um Menschen zu beeindrucken, die sie nicht mögen, mit Geld, welches sie nicht haben.

Jeder kennt die Story vom Nachbarn, der gerade mit seinem Neuwagen in die Einfahrt rollt und automatisch einen Wunsch in unserem Bewusstsein auslöst. Benötigen wir den schicken

[11] Erich Limpach

Sportwagen tatsächlich oder wollen wir doch ein wenig unser Umfeld beeindrucken?
Vielleicht müssen wir die Grenze nicht gleich in der Höhe eines Sportwagens stecken. Kennen Sie Menschen, welche, wenn sie von Ihrem letzten Urlaub berichten, mehr über die entstandenen Kosten als über schönen Palmen und das blaue Meer erzählen?

Wenn Sie aufhören anderen Ihren Reichtum zu zeigen sind Sie auf dem richtigen Weg, wirklich Vermögen aufzubauen.

Bedürfnis nach Selbstverwirklichung:
Im Erreichen der höchsten Stufe unserer Bedürfnisse geht es um die Entwicklung der eigenen Persönlichkeit und dies geht meist einher mit der Entdeckung alter Tugenden wie Liebe, Güte, Mut, Ehrlichkeit, Heiterkeit, Freundlichkeit.
Erfolg und finanzielle Unabhängigkeit sind so selbstverständlich, dass sie keine große Rolle mehr im Leben spielen.

„Wenn einer sich voller Selbstvertrauen aufmacht, seine Träume zu verwirklichen, und danach trachtet, das Leben zu führen, das er sich gewünscht hat, wird er damit größeren Erfolg haben als gemeinhin angenommen“[12] (Thoreau)

---

[12] Henry David Thoreau

3 Vorsorgebedarf! Die Rente ist sicher?

Norbert Blüm, 1986

Abbildung 3: Die Rente

3.1 Vorsorge

Wenn wir uns mit jungen Menschen über das Thema Vorsorge unterhalten, ist vielen die Notwendigkeit bewusst, für später vorsorgen zu müssen.
Allerdings haben viele dieser jungen Menschen ein vollkommen falsches Bild vom Älterwerden im Kopf. Häufig denken sie dabei an schwache Menschen, welche ihren Lebensabend in ruhiger Umgebung zuhause verbringen. Diese Illusion spiegelt sich dann in der Vorstellung wider, eben im Alter den Gürtel etwas enger zu schnallen, und dann geht das schon irgendwie. Gehen Sie mit offenen Augen durch die Fußgängerzone der nächstgelegenen Stadt, unter Umständen können Sie dort genau das Gegenteil beobachten, es wimmelt nur so von lebensfrohen Senioren, die mit gutem Recht Ihren Lebensabend genießen. Auch aus persönlicher Erfahrung kann ich Ihnen durch meine vormittäglichen Besuchen im Fitnessstudio berichten, dass sich dort an einigen Vormittagen in der Woche zu gut 80% rüstige Senioren aufhalten. Sind Sie je in den Genuss gekommen, mit einem Kreuzfahrtschiff unterwegs gewesen zu sein? Spätestens dort wird sich das Bild vom gebrechlichen Senior der auf seiner Ofenbank langsam vor sich hin stirbt, in ein anderes Bild verwandeln.
13% aller Fitnessstudio-Mitglieder bundesweit und sogar 23% aller Aktiven im Deutschen Tennisbund sind über 60 Jahre und älter.
43% aller Urlaubsreisen werden von Menschen über dem 60igsten Lebensjahr gebucht.

Wozu Menschen trotz hohen Alters in der Lage sind:

Der Weltrekorde im Altersmarathon (Stand 2009)[13]

Alter	Frauen	Männer
70 – 74	3:44:15	2:54:48
75 – 79	3:57:30	3:04:53
80 – 84	4:31:42	3:39:18

Im Alter von 66 Jahren entdeckte die Seniorin Ida Schneider durch einen Tandemsprung das Fallschirmspringen für sich. Bis zu ihrem 85. Lebensjahr absolvierte Frau Schneider 111 weitere Fallschirmsprünge, da sie sich in ihr neues Hobby verliebt hatte.

Yuichiro Miura stellte mit 80 Jahren einen Rekord auf, indem er den Mount Everest bestieg. 8850 Meter unter höchster Anstrengung und maximaler Konzentration. Nach eigenen Worten bezeichnete Herr Miura den Aufstieg zum höchsten Berg der Welt als das beste Anti-Aging-Programm.[14]

Eine Frau, die trotz ihres Alters im wahrsten Sinne des Wortes nicht zu bremsen ist: Heidi Hetzer aus Berlin brach im Alter von 76 Jahren mit einem Oldtimer zu einer zweiährigen Weltreise auf, die gelernte KFZ Mechanikerin startet mit einem Hudson „great eight" Baujahr 1930.
Zwei Rentner auf Weltumrundung, höchsten Respekt, Frau Hetzer![15]

Der Amerikaner Lew Hollander, welchen ich wegen seiner herausragenden Lebenseinstellung sehr schätze, beendete im Alter von 85 Jahren den Iron Man auf Hawaii. Ja sie haben rich-

---

[13] Altersmarathon (Stand 2009)

[14] Yuichiro Miura

[15] Hetzer

tig gelesen DEN IRON MAN auf Hawaii, ein Extremlauf bei welchem die Teilnehmer
3,85 Kilometer Schwimmen 42,19 Kilometer Laufen und das Ganze mit 180 km Radfahren beenden – an einem einzigen Tag!

Es ist mir eine Ehre, an dieser Stelle Herrn Hollander zu zitieren:

„Die ersten 40 Jahre Ihres Lebens bekommen Sie geschenkt. Dann müssen Sie Achtgeben. Was auch immer Sie ab 40 tun – es bestimmt, was Sie mit 80 tun. Sterben müssen wir alle, aber Sie können die Länge und die Qualität Ihres Lebens beeinflussen."[16]

Viele unserer Senioren sind agil und Lebenslustig bis ins hohe Alter, allerdings benötigen Sie dafür 2 Dinge – GELD und GESUNDHEIT

Leider haben die wenigsten Menschen in diesem Land die Möglichkeit, den gigantisch großen Markt der Altersvorsorgeprodukte zu überblicken und daraus richtige Rückschlüsse für die eigene Zukunft zu gewinnen. Das Endergebnis dieser Situation ist häufig eine „Handlungslähmung mit Problemverdrängung", man schiebt die Problemlösung einfach weiter auf, da es uns heute ja nicht betrifft.

Kein Wunder! Würden Sie sich die Zeit nehmen und sich von zehn „Beratern" unterschiedlicher Unternehmen beraten lassen, würden Sie vermutlich neun verschiedene Vorsorgestrategien vorgestellt bekommen.

Das Grundproblem in unserem Land liegt an einer fehlerhaften Einstellung zum gesetzlichen Rentensystem. Teils verschuldet durch die Politik, welche es bis heute nicht geschafft hat, in

---

[16] Lewis E. Hollander

aller Deutlichkeit klarzustellen, dass unser Rentensystem in der heutigen Art nicht zukunftsträchtig ist.

Noch heute haben viele von uns die Worte von Norbert Blüm, aus dem Jahr 1986 vor Augen, als er sagte und schrieb:
„Eines ist sicher und das ist die Rente“
Herr Blüm hat nur vergessen zu erwähnen, in welcher Höhe Sie diese bekommen sollen!
Umso bemerkenswerter finde ich die Tatsache, dass genau dieser Politiker nach 30 Jahren das Wort ergreift und scheinbar immer noch nicht verstanden hat, dass seine Aussage von damals nicht haltbar ist.
Am 20.01.2016 meldete sich Herr Blüm und ein Finanzmathematiker in der ARD Sendung plusminus zu Wort. Dort wurde die Behauptung in den Raum gestellt, die gesetzliche Rente wäre auch heute noch ein starkes Modell für Ihre Zukunft.
Lassen Sie uns gemeinsam die dort veröffentlichte Berechnung betrachten und hinterfragen.

Es wurde folgende Situation zur Schau gestellt.
Die Annahmen:
Ein heute 55-jähriger zahlt die nächsten zwölf Jahre jeden Monat gut 200 Euro Zusatzbeitrag in die gesetzliche Rentenversicherung in der Summe 30.000 Euro. Die gesetzliche Rente brächte ab Rentenbeginn mit 67 Jahren 126 Euro pro Monat.[17]

Dies entspräche einer Rendite von 3%, wurde dort behauptet. OK, dass den Aussagen von Politikern nicht immer Glauben geschenkt werden kann, ist nicht neu.

„Was kümmert mich mein Geschwätz von gestern, nichts hindert mich, weiser zu werden.“

---

[17] Plusminus, Gute Rendite

Dies gab Altkanzler Konrad Adenauer bereits von sich, allerdings frage ich mich ernsthaft, ob die oben genannte Berechnung wirklich den Hintergrund des „weiser werdens“ beinhaltet.

Dass ein Politiker in den Wirren der Finanzmathematik keinen Durchblick zu haben scheint, mag unter Umständen verzeihbar sein. Wie allerdings ein Finanzmathematiker diese Art der Berechnung für gut heißen kann, ist mir schleierhaft.
Nach meinem Geschmack ist das eher der Versuch, das Volk zu verdummen.

Rechnen wir nun einmal gemeinsam nach: Für die Berechnung lege ich für Sie eine durchschnittliche Lebenserwartung von 87 Jahren fest, Sie sind ja vielleicht kein Politiker! Dies entspräche einer Rentenzahldauer von 20 Jahren bei vollkommenem Verlust Ihrer 30.000,-€ da diese nun der deutschen Rentenkasse gehören.

Berechnung:
200 Euro Beitrag x 150 Monate = 30.000 Euro eingezahltes Geld
126 Euro Rente x 12 Monate x 20 Jahre = 30.240 € Rente

Sie dürfen mir gerne glauben, wenn ich hier schreibe, diese Rechnung einige Male nachgerechnet zu haben – nie kam ein Ergebnis von 3% Rendite am langen Ende dabei heraus.
Ist es bei solchen Berechnungen verwunderlich, wenn junge Menschen, welche in der Lage sind, einen Taschenrechner zu bedienen, die Aufgabe scheuen, sich aktiv um ihre Vorsorge zu bemühen?
Da diese Form der Berechnung aber maßgeblicher Standard in vielen Arten der Beratung unserer heutigen Zeit ist, werde ich später noch einmal darauf zurückgreifen.

3.2 Systemfehler

Rein in der Theorie mag sich das deutsche Rentensystem logisch und nachvollziehbar anhören, schließlich steht es auf drei Säulen. Allerdings wurde die erste Säule, die gesetzliche Rentenversicherung, unter vollkommen anderen Umständen ins Leben gerufen. Der Umstand, dass durch unser Umlageverfahren die heutigen Arbeitnehmer den heutigen Rentnern den Lebensabend finanzieren, hat sichtlich seine Schwächen.
In Zeiten, in welchen Löhne schon lange nicht mehr so stark steigen wie in der Nachkriegszeit und unsere Geburten rückläufig sind (im Jahr 1910 hatten wir ca. 3 Kinder je Frau heute nur noch ca. 1,3), kommt erschwerend eine gestiegene Lebenserwartung von ca. 73 Jahre damals auf ca. 83 Jahre heute hinzu. Sind es 1960 noch ca. 5 Erwerbstätige gewesen, die einen Rentner finanzieren mussten, so teilen sich diese Kosten heute noch ca. 3 Erwerbstätige.

All dies lässt mich doch sehr an der langfristigen Finanzierbarkeit zweifeln und die geringen Rentenanpassungen der letzten Jahre scheinen dies auch unter Beweis zu stellen.

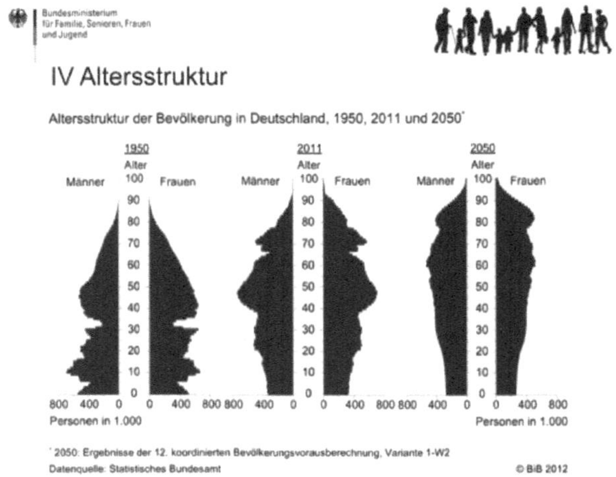

Abbildung 5: Altersstruktur

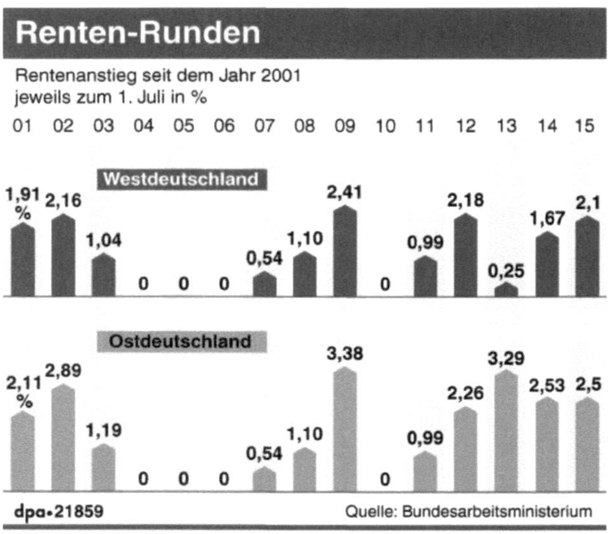

Abbildung 6: Renten Runden

„Wie schlimm wird die Altersarmut?“ titelte die Bildzeitung am 06. Juni 2014
und veröffentlichte folgende Tabelle.

SO VIEL RENTE BEKOMMEN SIE

Gehalt brutto im Monat	Renten-Anspruch nach so vielen Beitragsjahren							
	30		35		40		45	
	West	Ost	West	Ost	West	Ost	West	Ost
500	155,71	162,49	181,67	189,57	207,62	216,65	233,57	243,73
1000	311,43	324,97	363,33	379,14	415,24	433,30	467,14	487,46
1500	467,14	487,46	545,00	568,70	622,86	649,95	700,71	731,19
2000	622,86	649,95	726,66	758,27	830,47	866,60	934,28	974,92
2500	778,57	812,43	908,33	947,84	1038,09	1083,25	1167,85	1218,65
3000	934,28	974,92	1090,00	1137,41	1245,71	1299,90	1401,42	1462,38
3500	1090,00	1137,41	1271,66	1326,98	1453,33	1516,54	1634,99	1706,11
4000	1245,71	1299,90	1453,33	1516,54	1660,95	1733,19	1868,57	1949,84
4500*	1401,42	1462,38	1634,99	1706,11	1868,57	1949,84	2102,14	2193,57
5000	1557,14	1559,87	1816,66	1819,85	2076,18	2079,83	2335,71	2339,81
5500	1712,85	1559,87	1998,33	1819,85	2283,80	2079,83	2569,28	2339,81

*Beitragsbemessungsgrenze Ost: 4800 Euro, **Beitragsbemessungsgrenze West: 5600 Euro

Abbildung 7: Renten-Anspruch

Fazit

HEUTE – bezahlen sie einen sehr hohen Beitrag in die gesetzliche Rente
MORGEN – bekommen Sie keine oder viel zu wenig gesetzliche Rente
ÜBERMORGEN – ist Ihr Geld oder Ihre Rente nichts mehr wert

Inflation Kaufkraftverlust

Eine entscheidende Begegnung

Ein bemerkenswertes Erlebnis schilderte mir einer meiner langjährigen Geschäftspartner, welcher in seinen jungen Jahren als Vertreter für ein namhaftes deutsches Versicherungsunternehmen tätig gewesen ist.

Dieser eine entscheidende Termin sollte die Einstellung meines Kollegen nachhaltig prägen.

Allgemein war es ein besonders freudiges Ereignis, wenn einem Vertreter dieses Unternehmens die Ehre zuteil wurde, einen so genannten Versicherungsablauf bearbeiten zu dürfen.
Mit anderen Worten, ein Versicherungsnehmer oder, wie in diesem Fall, eine Versicherungsnehmerin, hatte das Wunder vollbracht, ihren Versicherungsbeitrag bis zum Ende zu bezahlen, und nun stand genau dieser Vertrag vor der Auszahlung.
Erfahrungsgemäß waren solche Termine immer sehr angenehm und entspannend für den Vertreter, da der Kunde diesem Tag mit freudiger Erwartung entgegensah.
So machte sich der junge Versicherungsberater an jenem Herbsttag voller Freude auf zu seinem abendlichen Termin. In seiner Aktentasche befand sich der rein optische Scheck über den Auszahlungsbetrag, welcher in dieser Form der Kundin überreicht werden sollte, um die Wertigkeit des Termins anzuheben.
Es dämmerte bereits, als der Kollege die Türglocke der Kundin erreichte und diese den jungen Mann bereits freudig erwartete. Eine gepflegt aussehende Dame, Anfang 60, bat ihn in die liebevoll eingerichtete Wohnung und bot ihm einen Platz an dem hochpolierten Eichenholztisch an, der in der Mitte des Wohnzimmers stand. Nach einem kurzen Small Talk über die schönen Einrichtungsgegenstände und die Bilder ihrer zwei Kinder, welche die Wände zierten, begann der Kollege ganz feierlich das Gespräch bezüglich der Auszahlung ihrer Lebensversicherung.
Die Spannung stieg und nach einigen Worten teilte die Kundin mit, dass sie ganz gespannt über den Auszahlungsbetrag sei, da sie sich in den letzten Jahren gar nicht mehr mit dem Vertrag beschäftigt hatte. Der monatliche Beitrag sei immer pünktlich abgebucht worden und den jährlichen Wertmitteilungen schenke sie keine Beachtung, da sie mit deren Inhalt ohnehin nichts anfangen könne.

Mit dem erlerntem Lächeln eines Versicherungsvertreters erhob sich der Kollege von seinem Stuhl, trat einen Schritt auf die Dame zu und überreichte ihr mit einer Gratulation den optischen Scheck über 39.000,- €.
Schweigen lag im Raum, der Kollege war es gewohnt, in diesem Moment von seinen Kunden ein glückliches Lächeln zu bekommen, da die meisten Menschen ihrem vermeintlichen Gewinn ins Auge sahen.
Auch diese Kundin hatte im Laufe der letzten 30 Jahre gesamt nur ca. 22.000,-€ in Ihren Versicherungsvertrag einbezahlt und rein rechnerisch ihr Kapital fast verdoppelt.
Mit trauriger Stimme und wässrigen Augen, begann die Kundin nun Ihre Geschichte zu erzählen.
„Wissen Sie ... Anfang der 70er Jahre, ich bin gerade 30 Jahre alt gewesen und meine beiden Kinder waren damals zwei und vier Jahre alt, bekam ich eines Abends die schreckliche Nachricht vom Tod meines Mannes. Er war bei einem Verkehrsunfall ums Leben gekommen Sie können sich nicht annähernd vorstellen, welches Loch dieser Tag damals in mein Leben riss. Absicherungen besaß mein Mann damals leider keine und so kamen zu dem menschlichen Verlust auch noch finanzielle Engpässe hinzu. Einige Monate nach diesem schrecklichen Tag hatte ich Besuch von einem Vertreter Ihrer Gesellschaft, ich hatte damals den Entschluss gefasst, meine beiden Kinder abzusichern. In einem der folgenden Beratungstermine befragte mich der Vertreter, welche Ziele ich in meinem Leben so habe. Glauben Sie mir, die Antwort fiel mir gewiss nicht leicht, so kurz nach dem Tod meines Mannes hatte ich schwer damit zu kämpfen, vernünftige Gedanken für die Zukunft zu erschaffen. Vor dem Tod meines Mannes war es unser gemeinsamer Traum gewesen, später ein kleines Häuschen mit einem hübschen Garten zu erwerben, wir hatten auch schon ein Objekt ins Herz geschlossen. Ganz in der Nähe stand es, ein kleines Häuschen mit ca. 115 Quadratmeter Wohnfläche, zwei kleinen Kinderzimmern im ersten Stock und einem gemütlichen kleinen Garten hinter dem

Haus, in welchem ich im Sommer Blumen pflanzen wollte. Dieses kleine Paradies hätten wir damals für ca. 70.000,- DM erwerben können, wäre nicht jener schreckliche Tag dazwischen gekommen. Der Vertreter Ihrer Gesellschaft hat mir zur damaligen Zeit empfohlen, diese Versicherung abzuschließen und meinte, dass ich mir damit den Traum, welchen mein Mann und ich hatten, dann wenigstens im Alter erfüllen kann. Als alleinerziehende Mutter ist es damals sehr schwer für mich gewesen, jeden Monat 150,- DM in diesen Vertrag zu sparen, schließlich habe ich damals nur ca. 950,- DM im Monat verdient. Meine Kinder und ich mussten damals auf vieles verzichten, um den Beitrag für diesen Vertrag übrig zu haben, aber die Aussicht auf das kleine Häuschen hat uns allen Kraft gegeben, diese schwere Zeit zu durchleben. Aber nun stimmen Sie mir doch bestimmt zu, dass ich für 39.000,-€ in der heutigen Zeit gerade mal das Grundstück ohne Haus darauf kaufen kann, nicht wahr?"
Was glauben Sie, wie mein junger Kollege das Haus der netten Dame verlassen hat? Manche Begegnungen im Leben hinterlassen ernsthafte Spuren in unserer Seele.

Woran das liegt, möchte ich nun näher erläutern.

Aufgabe des Eurosystems: Preisstabilität sichern
Das vorrangige Ziel des Eurosystems ist es, Preisstabilität zu gewährleisten. Des Weiteren ist es eine Aufgabe der EZB, das allgemeine Wirtschaftssystem zu stützen. Es ist damit vorrangig dem Ziel der Preisstabilität verpflichtet. Der EZB-Rat als oberstes Entscheidungsorgan des Eurosystems hat diese gesetzliche Vorgabe durch eine weitergehende Definition präzisiert. Preisstabilität wird definiert als Anstieg des Harmonisierten Verbraucherpreisindex (HVPI) für das Euro-Währungsgebiet von unter 2 % gegenüber dem Vorjahr. Preisstabilität soll dabei „in mittlerer Frist" herrschen – also im Durchschnitt über mehrere Jahre. Der Grund für diese Bestimmung ist, dass geldpolitische Maßnahmen oft erst nach Monaten wirken. Innerhalb des defi-

nitorischen Rahmens zielt der EZB-Rat darauf ab, mittelfristig eine Preissteigerungsrate von unter, aber nahe 2 % beizubehalten.

Zwar versteht die Allgemeinheit unter Preisstabilität etwas vollkommen anderes, aber wir werden das System nicht ändern können. Ein gewisses Maß an Inflation ist gesund und wichtig für die Wirtschaft, für den Staat sowie auch für Sie als Bürger.

Stellen Sie sich nur einmal vor, das Gegenteil wäre der Fall. Sie hätten also die Gewissheit, Ihr Traumauto wäre nächstes Jahr um 10% billiger, würden Sie dieses dann JETZT kaufen oder würden Sie lieber warten bis nächstes Jahr?

Richtig! Sie würden natürlich warten, bis das Angebot günstiger ist und genau, wie Sie das täten, würden auch 80 Mio. andere Menschen in unserem Land lieber warten, bis das Objekt der Begierde zu einem geringeren Preis zu erwerben ist.

Wir hätten eine extreme Kaufrückhaltung und das würde wiederum dafür sorgen, dass unsere Wirtschaft schwächer wird.

Ihr Arbeitsplatz wäre unter Umständen unsicherer als heute und der Staat hätte durch geringere Beschäftigung weniger Steuereinnahmen. Es käme zu einer Abwärtsspirale, welche schädlich für unser gesamtes Wirtschaftssystem wäre.

Ein angemessenes Maß an Inflation ist folglich gut für uns alle. Allerdings müssen Sie diese in alle Ihre langfristigen Ziele einbeziehen.

Ihre langfristigen Geldanlagen und Ihre Altersvorsorge müssen unter Berücksichtigung der Inflationsrate eine positive Rendite abwerfen, ansonsten wird Ihr Kapital weniger statt mehr.

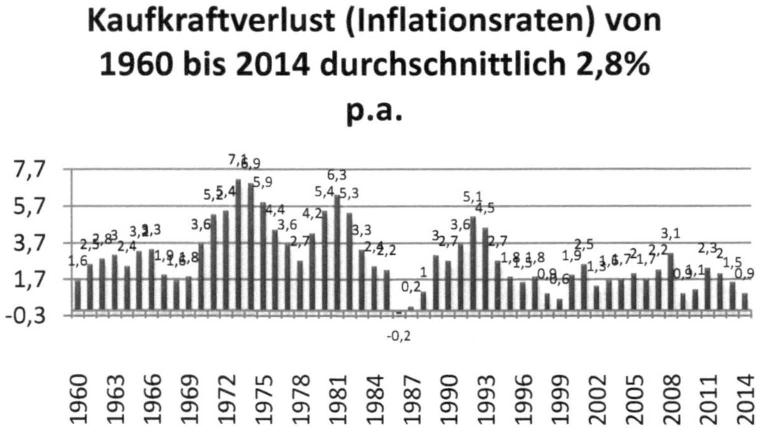

Abbildung 8: Kaufkraftverlust / Inflation

Ich möchte Ihnen die langfristige Wirkung der Inflation nochmals anhand der vorangegangenen Rentenberechnung verdeutlichen.

Berechnung:

200 Euro Beitrag x 150 Monate = 30.000 Euro Eingezahltes Geld

126 Euro Rente – (2,8% Inflationsrate x 12 Jahre)=

90,46 Euro Kaufkraft

Bemerkenswerterweise rechnen selbst heute noch 40 Prozent aller Bundesbürger damit, dass die gesetzliche Rente zwischen 80 und 100 Prozent ihres letzten Nettolohnes ausmachen wird.

Tatsächlich werden die Deutschen selbst nach heutigem Stand maximal 56 Prozent ihres letzten Einkommens als Rente erreichen.
Nicht wenige versuchen diese Lücke durch den Abschluss einer kapitalgedeckten Rentenversicherung zu schließen.
Leider wird auch bei privaten Rentenversicherungsverträgen nur sehr selten auf die langfristige Wirkung des Kaufkraftverlustes hingewiesen.
Nach meiner Meinung können Sie mit einem kapitalgedeckten Rentenversicherungsvertrag rein rechnerisch überhaupt keine Altersvorsorge aufbauen.

Unterstellen wir einmal folgende Situation: Sie wären heute 30 Jahre jung und als selbstständiger Kaufmann tätig. Für Ihren derzeitigen Lebensstandard benötigen Sie 2.500,-€ Einkommen im Monat, welches Ihnen Ihre Geschäftstätigkeit derzeit auch so ermöglicht.
Um sich den gleichen Lebensstandard im Alter finanzieren zu können, würden Sie eine Rentenversicherung benötigen, welche Ihnen, in 35 Jahren, eine Monatliche Rente von 6572,-€ (inflationsbereinigt) bezahlt, damit Ihnen mit Renteneintritt die Kaufkraft wie heute zur Verfügung steht.

Für eine solche Rentenversicherung würden Sie in einem Kapitalgedeckten Tarif, bei einem Namhaften deutschen Versicherungsunternehmen aktuell einen monatlichen **Beitrag** von derzeit ca. **2950,-€** (Versteuerung nach Alterseinkünftegesetz nicht berücksichtigt) bezahlen müssen.
Es erklärt sich von selbst, dass Sie mit einem Einkommen von 2.500,-€ keinen Beitrag von 2.950,-€ bezahlen können, auch nicht wenn dieser dann steuerlich abzugsfähig ist.
Dennoch laufen auch heute noch Scharen von Versicherungsvermittlern in der Welt umher und bewerben solch „wunderbare" kapitalgedeckte Tarife. Täglich werden von der Versicherungsindustrie ca. 5.000 solcher Verträge verkauft.

Das Argument für den Abschluss ist hierbei immer dasselbe, die garantierte Rente.
Das einzige, was hierbei nach meiner Meinung garantiert ist, ist der Umstand, dass Ihnen die Garantierte Rente im Alter nicht ausreicht, um Ihren Lebensstandard zu finanzieren.
Dabei ist die schleichende Inflation noch nicht einmal das schlimmste Szenario, welches Ihnen mit solch einem Vertrag wiederfahren kann.
Alleine in den letzten 150 Jahren hatten wir in Deutschland fünf verschiedene Währungen, und keine Währungsumstellung wäre für Sie ohne Wirkung gewesen.

Beispielhafte Lebensversicherungspolice welche ein Kollege bei einem Kunden vorfand

Münchener Begräbnisverein
Versicherungsverein auf Gegenseitigkeit
München
Gegründet 1891.

Versicherungsschein.

Der Münchener Begräbnisverein, Versicherungsverein auf Gegenseitigkeit, München, zahlt auf Grund der abgegebenen schriftlichen Erklärungen beim Ableben des untengenannten Mitgliedes nach Maßgabe der beigefügten Versicherungsbedingungen die Summe von

Dreihundert Reichsmark

zuzüglich der gemäß § 15 der Versicherungsbedingungen angesammelten Gewinnanteile und deren Zinsen.

Die Beitragszahlung endet mit dem Kalendervierteljahr, in dem das Ableben erfolgt oder in welchem das unten festgesetzte Lebensalter erreicht wird.

Dieser Versicherungsschein ist in Verbindung mit der fälligen Beitragsquittung rechtsverbindlich.

10.4 82 1.5.40 / 1.5.40 10 MIT RM. 300 MTL.

330573

MEYER OTTO

141 WUNSIEDEL
HORST-WESSELSTR. 8

Münchener Begräbnisverein
Versicherungsverein auf Gegenseitigkeit

München, den 7. 5. 40.

[30]

Abbildung 9: Reichsmarkpolice

3.3 Teuer erkaufte Rente

Egal ob Riester, Rürup oder wie auch immer in Zukunft die neuen Ideen der Versicherungsindustrie heißen mögen. Investieren Sie niemals in einen Vertrag der Ihnen als einzige Wahl die Verrentung Ihres Kapitals ermöglicht.
Versicherungsunternehmen kalkulieren diese Rente, je nach Gesellschaft zwischen 25,-€ und 50,-€ monatlicher Rente je 10.000,-€ Rentenkapital.

Nehmen wir einmal an Sie wären heute im Besitz von 30.000,-€ und ich würde Sie bitten mir diese per Schenkung zu überlassen. Im Gegenzug dafür, würde Ihnen anbieten, Ihren als Gegenleistung tatsächlich jeden Monat zwischen 75,-€ bis zu 150,-€ garantiert zu zahlen. Würden Sie das wirklich machen?
Bitte beachten Sie, dass Ihre 30.000,-€ ab diesem Moment MIR und nicht mehr Ihnen gehören.
Wie alt wollen Sie werden, damit sich dieses Geschäft für Sie lohnt?

Die Verrentung durch Unternehmen, mit Bezahlung einer „garantierten Rente" ist nach meiner Meinung die konsequente Fortsetzung der Falschberatung, welche durch die gesetzliche Rentenversicherung begonnen hat.

Wohneigentum als Altersvorsorge
Die Investition in eine eigene Wohnimmobilie oder die Immobilie zur Vermietung erfreut sich nicht nur in den letzten Jahren zunehmender Beliebtheit.
Häufig ist dieser Vorsorgeweg leider nicht ganz zu Ende gedacht. Nicht selten habe ich in der Vergangenheit Menschen kennenlernen müssen, welche die Meinung vertreten haben, die Immobilie als alleinige Altersvorsorge wäre vollkommen ausreichend. Diese Menschen haben aufgrund ihrer Überzeu-

gung den Großteil oder gar den gesamten monatlichen Sparbeitrag dazu hergenommen, Immobilienvermögen, „Betongold“, aufzubauen. Genau genommen haben diese Menschen häufig die Entscheidung getroffen, ihre monatliche Liquidität in eine Kreditrate zu investieren.

Ich glaube, die Auffassung der vergoldeten Immobilie findet ihren Ursprung in der Nachkriegszeit, da sich damals der Immobilienwert, bedingt durch Wohnungsnot, deutlich über der Inflationsrate entwickelte. Heute ist diese Theorie nicht mehr so einfach zu beantworten.

Der Standort der Immobilie spielt mehr denn je eine entscheidende Rolle, wenn es darum geht, dass Sie überhaupt eine Rendite mit Ihrem Objekt erwirtschaften wollen.

Unbestritten Sind die Wertsteigerungen einer **guten** Immobilie in München, Köln oder anderen Großstädten beachtlich, in ländlichen Regionen zeigt sich allerdings häufig ein anderes Bild.

Allerdings verlangsamt sich auch der Anstieg der Kaufpreise im Bereich der Eigentumswohnungen in den Großstädten schon seit einiger Zeit. Ewig lässt sich die Dynamik der vergangen Jahrzehnte wohl auch hier nicht aufrecht halten.

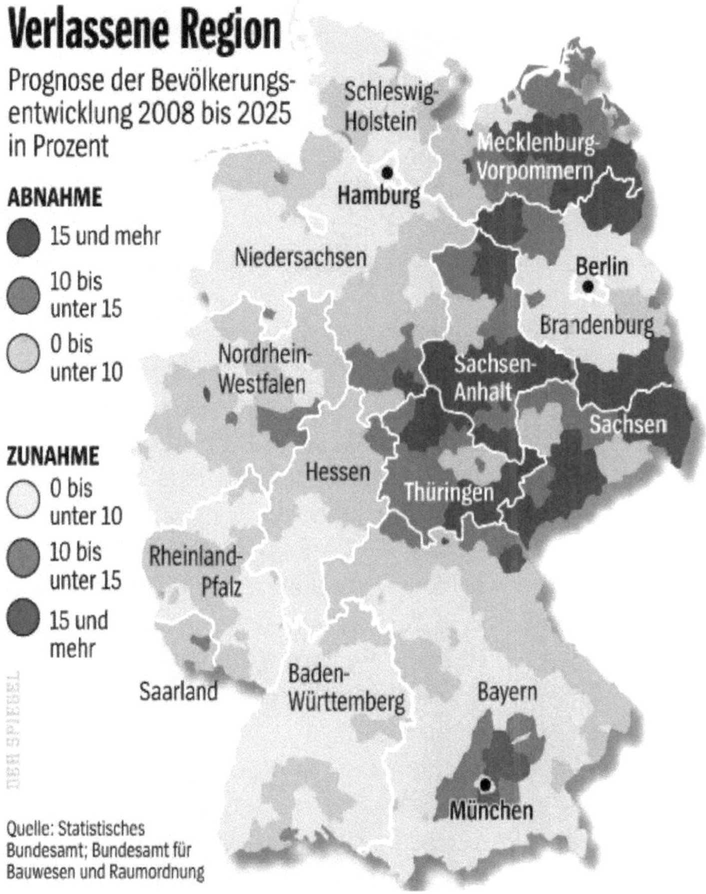

Abbildung 10: Bevölkerungsentwicklung

Nicht nur die regionale Wirtschaftskraft und die damit verbundene Entwicklung der regionalen Bevölkerung haben einen direkten Einfluss auf den Wert Ihrer Immobilie. So können auch örtliche Gegebenheiten oder Umstrukturierungen, welche Sie zum heutigen Zeitpunkt noch nicht absehen können, den Wert, Ihrer Immobilie extrem beeinflussen.

Stellen wir uns einmal vor, Sie haben vor zehn Jahren den Schritt getan, Ihr Traumhaus in ruhiger Lage am Stadtrand zu

erwerben. Heute erfahren Sie durch die örtliche Presse, dass direkt vor Ihrer Nase eine Justizvollzugsanstalt oder ein Klärwerk gebaut werden soll.
Beantworten Sie sich nun bitte folgende Fragen:
Ist Ihre Immobilie dann mehr, weniger oder gleichviel Wert?
Möchten Sie dann dort noch wohnen bleiben?
Bekommen Sie bessere oder schlechtere Mieter?
Können Sie Ihre Immobilie besser oder schlechter veräußern?
Verzichtet die Bank auf einen Teil der Rückzahlung?
Haben Sie nun noch eine gut funktionierende Altersvorsorge?

Gerade in der Investitionsphase stellt eine Immobile eine erhebliche Belastung Ihrer Liquidität dar und macht Sie unflexibel. Unberücksichtigt der Tatsache, ob es sich um eine selbstgenutzte oder eine vermietete Immobilie handelt, müssen Sie Rücklagen bilden, welche kurzfristig zur Verfügung stehen.
Um sich unangenehme Überraschungen zu ersparen, ist es eine zwingende Notwendigkeit, für Renovierungs,- Instandhaltungskosten sowie Mietausfälle ein liquides Konto oder ein Rücklagendepot einzurichten, welches Sie regelmäßig, zusätzlich, zu Ihren sonstigen Anlagen besparen.
Somit scheidet die Immobilie als alleinige Form der Vorsorge leider aus, allerdings kann Sie als „Beimischung“ durchaus eine sinnvolle Investition darstellen allerdings sollten im Gegenzug genügend anderweitige Anlageformen vorhanden oder im Aufbau befindlich sein.

Sollten Sie über genügend sonstige Anlagen verfügen und mit dem Erwerb einer Immobilie liebäugeln, beachten Sie bitte alle wichtigen Punkte und lassen Sie sich nicht von irgendeinem Verkäufer die Renditen schönrechnen.

Zur Berechnung verwenden Sie bitte folgende Formel

Laufende Einnahmen: Miete (Verhältnismäßige Miete bei Eigennutz.)
Laufende Ausgaben: Zins, Nebenkosten, Rücklagen
Anschaffungskosten: Kaufpreis, Kaufnebenkosten, Renovierung

Formel:

$$\frac{\text{laufende Einnahmen} - \text{laufende Ausgaben}}{\text{Anschaffungskosten}} \times 100 = \text{Rendite}$$

Hier für Sie ein reales Beispiel.
Sie erwerben ein Zweifamilienwohnhaus mit einem Anschaffungspreis von 300.000,- € für Renovierung fallen weitere 50.000,-€ an. Wir veranschlagen für Notar, Makler und Grunderwerbssteuer eine Pauschale von gesamt 10% also gesamt 30.000,-€.
Anschaffungskosten gesamt 380.000,-€

Sie erzielen durch Vermietung einer Wohnung 700,-€ Kaltmiete und berechnen für Ihre eigen genutzte Wohnung einen Mietvorteil von ebenfalls 700,-€.
Laufende Einnahmen 1.400,-€ = 16.800,-€ p.a.

Da Sie gut mit der Bank verhandelt haben bezahlen Sie einen Zins von 1,8% auf die Gesamtsumme, berechnet folglich 6.840,-€ p.a.
Für laufende Nebenkosten (Grundsteuer, Schornsteinfeger, Heizungswartung, Gebäudeversicherung und sonstiges) veranschlagen wir in diesem Fall eine Pauschale von 1.500,-€ p.a.

Nach meiner Empfehlung sollten, Sie in solch einem Fall mindestens 20% Ihrer Mieteinnahmen (700€ monatlich) als Rücklage verwenden, dies entspräche 1.680,- € p.a.

Laufende Ausgaben 10.200,-€ p.a.

Berechnung:

(16.800 – 10.200) / 380.000 x100 = 1,73% Rendite

Bei Betrachtung dieser Renditeberechnung sollte wohl dem einen oder anderen Immobilienbesitzer die ernsthafte Frage gestellt werden dürfen, ob so eine rentable Altersvorsorge aussieht.

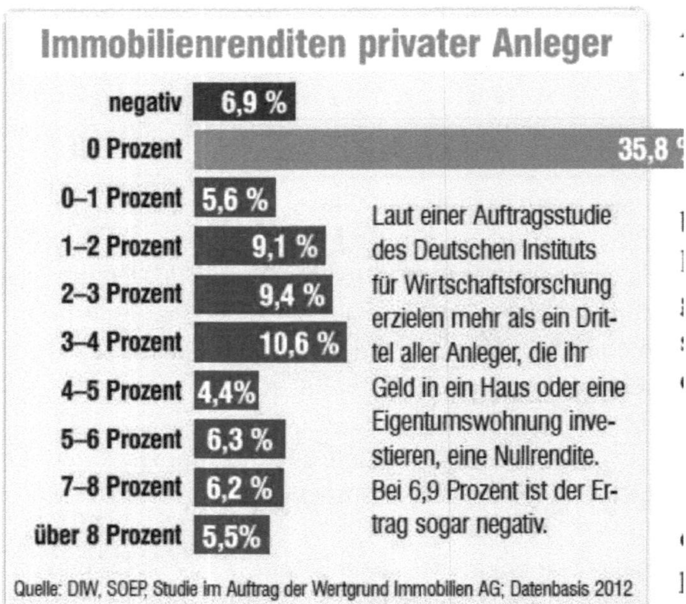

Abbildung 11: Immobilienrenditen

Fazit:

Eine eigen genutzte Immobilie steigert sicherlich den Lebensstandard. Allerdings ist die Immobilie als alleinige Altersvorsorge vollkommen ungeeignet da mangelnde Liquidität ihre Flexibilität extrem eingrenzt. Sie können bei Kapitalbedarf ja keine einzelnen Ziegelsteine verkaufen um an Geld zu kommen.

Sie eignet sich als Beimischung, wenn Standort und sonstige Kapitalanlagen dafür sorgen Ihre Lebenshaltungskosten dauerhaft zu decken.

Eine fremdvermietete Immobilie ist extrem abhängig von folgenden Faktoren: Standort, Zustand des Objektes, äußeren Einflüssen und der Qualität Ihrer Mieter.

Daher betrachte ich dies sehr skeptisch und empfehle maximal 20% Ihrer monatlichen Sparmaßnahmen, als Zuzahlung nach Mieteinnahmen in ein solches Objekt zu investieren.

Wohnriester, die Lösung?

Auch wenn die Wohnriester-Förderung unseren Eigenheimbesitzern staatliche Zulagen und gegebenenfalls eine Steuerersparnis bringt, sollte man die Wohnriester-Nachteile nicht unterschätzen. Ein Wohnriestervertrag ist eine sehr umfangreiche undurchsichtige Erfindung unserer Finanzwelt. Es bedarf umfangreicher Beratung und Recherche für jeden Einzelfall.

Die schwerwiegenden Folgen eines Vertrages sind von solch langfristiger Natur, dass sie kaum einzuschätzen sind.

Die wenigsten Kunden sind sich bewusst, welche dramatischen Folgen ein solcher Vertrag für ihre Zukunft haben kann.

Trotzdem wurden alleine im Jahr 2012 satte 65.000 solcher Verträge verkauft. Um an die versprochenen staatlichen Zulagen zu gelangen muss der Eigenheimbesitzer allerdings relativ starre Voraussetzungen erfüllen. Gefördert werden selbstgenutzte Immobilienvorhaben. Das Kapital fließt entweder in die Tilgung eines Baudarlehens oder in die Ansparung eines Bausparvertrages.

Der größte Nachteil ist mit der nachgelagerten Besteuerung verbunden, alleine dieser Punkt ist nach meiner Auffassung ein absolutes Ausscheidekriterium für solch eine Vertragsart. Die Zulagen, Tilgungsraten und eigenen Sparbeiträge werden fiktiv auf einem virtuellen Wohnförderkonto gesammelt, mit 2% verzinst und dieser Betrag wird bei Rentenbeginn insgesamt besteuert.
Ja, sie haben richtig gelesen!
Sie müssen Ihren Wohnriester nachgelagert versteuern, es fragt sich nur, wovon Sie diese Steuer bezahlen wollen, wenn Sie die vorangegangene Rententhematik nochmals in Ihr Bewusstsein rufen.
Etwa von Ihren knapp 600,-€ inflationsbereinigter Rente?
Aber Sie haben zum Glück die Möglichkeit, Ihre Steuerschuld gleich zu Rentenbeginn zu begleichen, dann wird es für Sie günstiger.
Unter Umständen ist dem Fiskus ja bewusst, dass Sie später kein Geld mehr dafür haben.
Der Wohnriester-Sparer muss die Steuerschuld entweder auf einen Schlag begleichen, das bringt ihm 30 Prozent Rabatt auf sein Wohnförderkonto ein, oder er kann die Besteuerung jährlich ohne Rabatt bis zu seinem 85. Lebensjahr strecken.

Wenn Sie nun glauben, dass Ihnen durch Scheidung, Tod oder Auszug die Steuerschuld erlassen wird, dann irren Sie.
Man kann das durch Bindung an die Immobilie ausgleichen, indem der geschiedene bzw. überlebende Ehepartner in der Immobilie wohnen bleibt. Selbst wer durch Einmalzahlung seine Steuerschuld längst beglichen hat, kann mit den Wohnriester-Regelungen in Konflikt kommen. Sofern er innerhalb der folgenden 20 Jahre seine Immobilie veräußert, muss er den erhaltenen Steuerrabatt nachträglich versteuern. Er kann also quasi bis an sein Lebensende oder bis zum 88. Lebensjahr gezwungen sein, seine Immobilie selbst zu bewohnen.

Fazit:
Auf Ihrem Weg zur finanziellen Unabhängigkeit können Sie Verträge wie diese leider nicht gebrauchen, aber wer will schon, dass Sie wirklich unabhängig sind!

4 Produkte, konventionelle Anlagen, mittel- und langfristige Ziele!

Wovon Sie die Finger lassen sollten!

4.1 Bausparvertrag

Sind Sie irgendwann in Ihrem Leben in Frankfurt gewesen oder kennen Sie die Skyline des Frankfurter Bankenviertels?
Haben Sie sich je bei dieser Ansicht die Frage gestellt, ob all die schönen Hochhäuser über Bausparverträge finanziert sind?

Sie glauben, nicht?! Ich auch nicht! Aber warum denn nicht, da diese Verträge scheinbar so gut sind, dass jeder Mensch sie zu brauchen scheint.

Über 30 Millionen Bausparverträge bestehen derzeit in Deutschland, diese Zahl sollte uns zu denken geben, dies wäre, wenn man den Bausparvertrag seinem Ursprung zuführt, gleichbedeutend mit 30 Millionen Bau- oder Kaufvorhaben in unserem Land.
Als Verkaufsargument werden hierbei von den Beratern meistens staatliche Zulagen und günstige Kredite angeführt. Dies klingt erstmal verlockend, doch werden wir gleich Durchleuchten, wie effektiv diese Art der Sparform tatsächlich ist.
Häufig ist es nicht der Sparer, welcher von dieser Vertragsform seinen Vorteil hat, sondern doch eher der Berater oder die Bank. Verkauft wird, was der Kunde selten oder gar nicht benötigt, ohne jede Rücksicht auf Verluste.

Bausparvertrag als Sparanlage
Erst im letzten Jahr geschah es, dass ich einen Anruf bekam. Es meldete sich einer meiner Kunden mit hörbar nervöser Stimme. Er kam gerade von einem Besuch bei seiner Mutter, diese hatte ihn gebeten, kurz über ihren neu abgeschlossenen Sparvertrag zu sehen. Mit großem Erstaunen und wenig Begeisterung musste mein Kunde feststellen, dass seiner 73jährigen Mutter tatsächlich seitens ihrer Hausbank ein Bausparvertrag verkauft worden war. Bemerkenswerterweise hatte diese Dame weder

ein vorhandenes Eigenheim noch den Wunsch, eines anzuschaffen. Nicht, dass dieser Umstand schon schlimm genug war, musste ich bei dem darauf folgenden Termin eine Bausparsumme von 100.000 € feststellen, welche mit einem Monatsbeitrag von 60,- € „bespart“ wurde!
Der Vertrag hatte in diesem Fall Abschlusskosten von 1,0% der Vertragssumme – also 1.000,-€ in der Gesamtsumme.
Auf meine Rückfrage, warum sie diesen Vertrag abgeschlossen habe, zitierte unsere Rentnerin den Berater Ihrer Hausbank wie folgt:
„Sie haben sicher von den schlechten Zinsen gehört, im Moment bekommen Sie nirgendwo Zinsen über 1,0%. In diesem Vertrag haben Sie garantiert 1,5% für die nächsten Jahre.“
Wenn Ihnen die Weise der Kostenberechnung bei Bausparverträgen bekannt ist, wissen Sie bereits jetzt – unsere nette ältere Dame hätte alleine zur Tilgung der Abschlusskosten volle 17 Monate in diesen Vertrag einzahlen müssen. Da ist es wohl nicht mehr nötig an dieser Stelle die Rendite zu berechnen. Der Umstand, dass dieser Vertrag mit sofortiger Wirkung widerrufen wurde, ist selbsterklärend.

Lassen Sie uns das Argument des Beraters an dieser Stelle nochmals aufgreifen. Ist es wirklich Ziel einer Bausparkasse, Ihnen eine möglichst lange Zinsgarantie zu geben?
Die deutschen Bausparkassen haben alleine im Jahr 2015 rund 200.000 Altverträge wegen „Übersparung“ gekündigt. Viele davon liefen bereits seit mehreren Jahren und hatten Sparzinsen von 3 bis 4%. Alleine diese Tatsache sollte uns bereits zu denken geben. Sicher gibt es auch gewissenhafte Berater, welche ihre Kunden nicht mit überhöhten Bausparsummen foltern. Eine große Rolle spielt hierbei der **Regelsparbeitrag,** das wäre idealerweise der monatliche Beitrag, welcher sich aus Ihrer Bausparsumme und Ihrer geplanten Laufzeit ergibt.

Die Bundesaufsichtsbehörde für Finanzdienstleistung (BaFin) schreibt dazu folgendes:

Der Regelsparbeitrag ist der monatliche Bausparbeitrag und richtet sich nach der Höhe der Bausparsumme (bestimmter Promillesatz der Bausparsumme je nach Bausparkasse und Bauspartarif).

Die Höhe des Regelsparbeitrages wird sowohl im Bausparantrag als auch in den Allgemeinen Bausparbedingungen (ABB) ausgewiesen.

Von diesem Betrag kann der Bausparer grundsätzlich auch abweichen. Es kann ein geringerer Sparbeitrag, aber auch ein höherer Sparbeitrag gezahlt werden. Dies hängt sowohl von den persönlichen Vermögensverhältnissen des Bausparers als auch von seinem Wunsch auf ein Bauspardarlehen ab. Wünscht der Bausparer eine möglichst frühe Zuteilung seines Bausparvertrages, sollte er mindestens den festgelegten Regelsparbeitrag leisten. Hier können ggf. auch Leistungen, die den Regelsparbeitrag übersteigen, erbracht werden.

Die Annahme dieser Zahlungen unterliegt jedoch der Zustimmung der Bausparkasse (siehe dazu auch Kann eine Bausparkasse eine Sonderzahlung ablehnen/ Ist eine Sonderzahlung auf meinen Bausparvertrag genehmigungspflichtig?). Sofern Bausparkassen in bestimmten Tarifen Zahlungen oberhalb des Regelsparbeitrages generell ablehnen, haben sie dies der BaFin im Vorfeld anzuzeigen.
Soweit ein geringerer als der Regelsparbeitrag (bzw. gar keine Zahlung) geleistet wird, nahmen Bausparkassen in der Vergangenheit dieses Sparverhalten regelmäßig hin. Durch die verringerte Sparleistung verzögerte sich die Zuteilung des Bausparvertrages jedoch mitunter erheblich. Allerdings unter-

liegt auch die geringere Besparung insoweit der Zustimmung der Bausparkassen, als dass diese nach den maßgeblichen ABB regelmäßig berechtigt sind, die Differenz zum Regelsparbeitrag einzufordern. Gleicht der Bausparer diese Differenz in der Folge nicht aus, kann der Bausparvertrag gemäß den vertraglichen Regelungen durch die Bausparkasse gekündigt werden. Von dieser Kündigungsmöglichkeit haben einige Bausparkassen in der jüngsten Zeit Gebrauch gemacht. Dies kann die BaFin grundsätzlich nicht beanstanden.[18]

Diese Regelung lässt nicht nur Bausparkassen, sondern auch findigen Beratern so viel Spielraum, dass unser Kunde in der Regel selbst über viel Wissen und Erfahrung verfügen muss, um hierbei nicht überfordert zu werden. Richten sich doch die Abschlusskosten und die Provision für den Berater alleine nach der Bausparsumme und nicht nach dem monatlichen Beitrag!

Lassen Sie uns auf der folgenden Seite 2 kleine Berechnungen durchführen, die Ihnen die Tatsächliche Rendite von Bausparverträge mit gleichem Monatsbeitrag inflationsbereinigt vor Augen führen soll.

Beispiel 1:
Unser Kunde spart in einen Vertrag 150,-€ monatlich, der freundliche Berater der guten Bausparkasse verkaufte eine Bausparsumme von 25.000,-€ bei 1% Abschlusskosten. (Kontoführungsgebühr und sonstige Kosten z.B. Zeitschriftenabo nicht berücksichtigt) inklusive Wohnungsbauprämie nach Abgeltungssteuer.

[18] Bafin

Sein Ergebnis nach 10 Jahren wäre **19.639,26 €** bei 18.000,-€ eingezahltem Kapital, dies entspricht einer Rendite von 1,74% inklusive Wohnungsbauprämie!
Inflationsbereinigt (2,8% Inflationsrate) besitzen Sie noch eine **Kaufkraft** von **14.900,26 €**

Beispiel 2:
Unser zweiter Kunde passt beim Abschluss nicht ganz so gut auf wie Kunde 1. Er spart in einen Vertrag 150,-€ monatlich, der freundliche Berater der guten Bausparkasse verkaufte eine Bausparsumme von 100.000,-€ bei 1% Abschlusskosten. (Kontoführungsgebühr und sonstige Kosten z.B. Zeitschriftenabo nicht berücksichtigt) inklusive Wohnungsbauprämie nach Abgeltungssteuer.

Sein Ergebnis nach zehn Jahren wäre **18.801,42 €** bei 18.000,-€ eingezahltem Kapital, dies entspricht einer Rendite von 0,88 % inclusive Wohnungsbauprämie!
Inflationsbereinigt (2,8% Inflationsrate) besitzen Sie noch eine **Kaufkraft** von **14.264,60 €**

Wir sprechen von einem identischen Vertrag, beide zahlten den gleichen Monatsbeitrag, beide Verträge hatten gleiche Zinsen sowie die gleiche Bausparprämie – nur die Bausparsumme war unterschiedlich!

Bausparvertrag als Immobilienfinanzierung
Auf den ersten Blick erscheint die Eigenheimfinanzierung mit Hilfe eines Bausparvertrages durchaus als günstige Alternative. Der Kunde entdeckt die Tücken, wenn überhaupt, nicht selten erst nach einigen Jahren der Laufzeit.

Nicht nur in der Ansparphase, sondern auch in der Darlehensphase halte ich persönlich Bausparmodelle als vollkommen untragbar.
Ein Darlehensnehmer tilgt bei einem herkömmlichen Annuitätendarlehen (Zins und Tilgung) von der ersten Rate an einen Teil seiner Schuld, während er bei einem üblichen Bauspardarlehen zwei Möglichkeiten hat.

Sie besparen Ihren Bausparvertrag bis zur Zuteilung und nehmen nach Zuteilung Ihr Bauspardarlehen in Anspruch oder Sie lassen Ihren Bausparer Vorfinanzieren. Vorfinanzieren bedeutet, Sie schließen zum gleichen Zeitpunkt zwei Verträge ab, einen Kreditvertrag, welchen Sie sofort ausgezahlt bekommen, und einen zusätzlichen Sparvertrag welcher später den Kredit ablöst. Beide Möglichkeiten werden wir nun anhand von Beispielen berechnen.

Unser Bauherr ist 25 Jahre alt und plant den Kauf einer Immobilie mit Gesamtkosten von ca. 250.000,-€, Er besitzt ein Eigenkapital von 50.000,-€, die Differenz soll finanziert werden.
Förderdarlehen seitens KFW oder Landesboden Kreditanstalt lassen wir in dieser Rechnung unberücksichtigt, da Sie diese bei beiden Finanzierungen einsetzen könnten.

Möglichkeit: 1
Bausparvertrag mit Ansparung verglichen mit Ansparung in einem Kapitalmarktprodukt.
Der geplante Baubeginn ist in 15 Jahren. Die monatliche Ansparrate beträgt 500,-€, damit er diesen Vertrag in 15 Jahren zuteilungsreif hat. Der Zinssatz während der Ansparzeit wurde mit 1,5% festgelegt und die Wohnungsbauprämie wurde voll eingeplant.

	Bausparvertrag	
Einzahlungen	90.000,-€	
Zinsen/Rendite	1,5%/eff.1,25%	
Steuerabzug	583,99 €	
Wohnungsbauprämie	1351,65€	
Sparguthaben	101.533,74€	
Höhe Darlehen	98.466,26€	

Der Bruder unseres Kunden ist in ähnlicher Situation und spart seine 500,-€ monatlich in einen rentablen Investmentsparplan, mit welchem er 6% Rendite erwirtschaftet, hierbei wurde ein Ausgabeaufschlag (Gebühren) von 3% berücksichtigt

	Bausparvertrag	Investmentsparplan
Einzahlungen	90.000,-€	90.000,-€
Zinsen/Rendite	1,5%/eff.1,25%	6%/ eff. 4,45%
Steuerabzug	583,99 €	12462,59€
Wohnungsbauprämie	1351,65€	0
Sparguthaben	101.533,74€	126.991,05€
Höhe Darlehen	98.466,26€	73.008,95€

Entscheiden Sie bitte selbst, ob es nicht besser für Sie wäre, rund 25.000,-€ weniger Schulden zu haben!

Möglichkeit 2

Vorfinanzierter Bausparvertrag ohne Tilgung verglichen mit einem Annuitätendarlehen.
Der geplante Baubeginn ist sofort.

	Bausparvertrag	Darlehensvertrag
Bausparsumme/Darlehen	200.000,-€	200.000,-€
Einzahlungen	90.000,-€	
Zinsen/Rendite	1,5%/eff.1,25%	3,0%
Steuerabzug	583,99 €	
Wohnungsbauprämie	1351,65€	
Sparguthaben	101.533,74€	
Restschuld nach 15 Jahren	**98.466,26€**	
Monatliche Rate	500,-€	500,-€
Rate gesamt	1000,-€	

	Annuitätendarlehen
Darlehen	200.000,-€
Monatliche Rate	1.000,-€
Zinsen	3,0%
Anfängliche Tilgung	3,0%
Zinsbindung	15 Jahre
Restschuld nach 15 Jahren	**86.513,- €**

Verglichen mit der Bausparvariante hätten Sie in diesem Fall bei identischen monatlichen Belastung satte 12.000,- € weniger Restschuld. An dieser Stelle sollte dann auch der festgeschriebene Zinssatz keine Rolle mehr spielen.

4.2 Das Sparbuch können Sie sich sparen!

Häufig handelt der Mensch aus einer Gewohnheit heraus. Wir machen Dinge, weil Vater, Mutter, Oma und Opa das schon immer so machen.
Rituale sind wichtig für uns, wir fühlen uns in unseren Ritualen in der Regel auch wohl. Dieser Umstand sollte uns aber unser Bewusstsein dafür schärfen, dass nicht alle Rituale auch gut für uns sind. Manche Alkoholiker haben das Ritual, den Tag mit einer Flasche Schnaps zu beginnen, manch ein Raucher beginnt seinen Tag mit einer Zigarette und auch das wöchentliche Gemecker am Stammtisch oder in der Kantine zählt zu unseren negativen Ritualen.
Die unglaubliche Summe von 1,9 Milliarden Euro vergammelt auf deutschen Konten und Sparbüchern. Auch dies scheint in unserem Land ein negatives Ritual zu sein, welches wir bereits im Kindergarten anerzogen bekommen. Oder haben Sie beim Weltspartag in deutschen Schulen und Kindergärten schon einmal jemanden mit einem Depoteröffnungsantrag stehen sehen?

In allen möglichen Fachzeitschriften wurde in den letzten Jahren auf die Unrentabilität eines Sparbuches hingewiesen, aber unser deutscher Sparer macht immer weiter und weiter.
Für dieses Phänomen kann es nach meiner Meinung nur wenige Gründe geben.

Der Sparbuchnutzer handelt nach einem Ritual, ohne zu denken.
Der Sparbuchnutzer kann keinen Taschenrechner bedienen.
Der Sparbuchnutzer kann nicht lesen.
Der Sparbuchnutzer interessiert sich nicht für sein Geld.

Der Sparbuchnutzer wiegt sich in falscher Sicherheit.
Der Sparbuchnutzer ist zu bequem (faul), etwas zu ändern.

Dabei wäre doch in diesem Fall die Rechnung relativ einfach, denn einen Vorteil hat das gewöhnliche Sparbuch, es ist einfach zu durchblicken.
Sie bezahlen Ihren Geldwert ein, dieser wird dort auch als Geldwert notiert, und darauf bekommen sie Ihren jährlichen Zins und Zinseszins.

Derzeit im Durchschnitt „noch" ca. 0,5% das heißt, auf ein Guthaben von 10.000,-€ hätten Sie einen Zinsertrag von 50,-€ pro Jahr + Zinseszinsen.
Sieht auf den ersten Blick erstmal gar nicht so schlimm aus. Wie Sie allerdings aus unseren bisherigen Wissensaufbau in diesem Buch sicherlich bereits erahnen, sollten wir auch hier für den mittelfristigen Bereich die Inflationsrate in Abzug bringen.
0,5% Zins – 2,8% Kaufkraftverlust = **- 2,3% mittelfristiger Verlust**

Viele dieser Sparbücher werden für einen Zeitraum von zehn Jahren und länger genutzt, zum Beispiel als Rücklage für unseren Kinder. Von dieser Seite gesehen ist die Rechnung schon nicht mehr ganz so freundlich.
Mal angenommen Sie zahlen für Ihr neugeborenes Baby die Summe von 10.000,-€ auf einem Sparbuch ein, um Ihrem Kind mit 18 Jahren einen guten Start ins Leben zu ermöglichen, dann wäre Ihr Ergebnis wie folgt:
10.000,- € zu 0,5% Zins und Zinseszins gäbe eine Auszahlung von **10.939,29 €.**
Immerhin knapp 1.000,-€ mehr, als Sie einbezahlt haben.
Die Kaufkraft, berücksichtigt 2,8% Inflationsrate, wäre dann noch **6.654,46 €.**

Das entspricht einem Verlust von **3.345,54 €** bei einer Anlageform, welche Sie für „sicher" gehalten haben.
Und nun haben wir in dieser Rechnung noch nicht das schlimmste Szenario berücksichtigt.
Stellen wir uns einmal vor, Sie würden beim Stöbern auf einem Dachboden das Sparbuch Ihres Urgroßvaters finden. Sie schlagen es aufgeregt auf und sehen ein Guthaben von 100.000 Reichsmark notiert. Nun gehen Sie zu der Bank, welche glücklicherweise auch noch dort ist, wo sie schon immer war, und beantragen die Auszahlung des Guthabens.

Abbildung 12: Sparbuch 19??

Der nette Bänker gegenüber des Schalters sieht Sie verwirrt an und wird Ihnen nun erklären müssen, dass dies nicht möglich ist, da der Geldwert verfallen ist.
Sind Sie sich wirklich sicher, dass der Euro überlebt?
Ein Sparbuch ist nichts anderes als eine Spekulation darauf! Allerdings eine relativ schlecht bezahlte Spekulation. Das einzige, was Ihnen ein Sparbuch bieten kann, ist eine Garantie. Eine Garantie, dass Sie garantiert Kaufkraft verlieren.
Auf das letztlich erwähnte Gesamtvermögen von 1,9 Milliarden Euro hat das unüberschaubare Auswirkung, die wohl größte Geldwertvernichtung der Nachkriegszeit hat bereits begonnen!

Prämiensparmodelle

Für endgültige Verwirrung sorgen Banken mit unzähligen Ideen von Prämiensparmodellen. Wenn ich mir die Frage stelle, warum die Finanzwelt solche Produktarten für Kunden bereitstellt, kommt mir nach reiflicher Überlegung nur eine mögliche Antwort: Der Kunde soll so verwirrt werden, dass er am Ende des Tages jegliche Klarsicht verliert und einfach unterschreibt, ohne verstanden zu haben, was da genau geschieht.

Noch verwirrter dürfte unser Bundesbürger sein, wenn er den Versuch wagt, verschiedene Angebote untereinander vergleichen zu wollen.

Der Erfindungsgeist welcher für diese Produkte von Nöten ist, scheint schier unendlich. Jedes neu entwickelte Produkt scheint mir noch undurchsichtiger als das davor.

Nicht selten erhalten Sie Angebote mit einer Grundverzinsung zwischen 0,1% und 0,5% für eine Spardauer von 20 Jahren. Aber Stopp! Da war ja noch der Zinsbonus auf Ihr jährlich eingezahltes Kapital! Um sich den tatsächlichen Blödsinn genauer anzusehen, genügt es, den tatsächlichen Zins eines solchen Vertrages im letzten Vertragsjahr zu begutachten.

Wir gehen davon aus, Sie würden ein solches Unikum tatsächlich 20 Jahre mit 100,-€ monatlich besparen. Sie hätten eines der derzeitigen Topmodelle am Markt mit einer Grundverzinsung von 0,5% und einem Zinsbonus von 25% auf jenes Geld, welches Sie im letzten Jahr einzahlen.

Die Jahre vorher baut sich Ihr Bonus langsam auf, beginnend bei neispielsweise 2% im dritten Vertragsjahr.

Ihr Guthaben wäre inkl. bisheriger Prämien in einem solchen Vertrag nach 20 Jahren ca. 27.500,- €, wovon Sie 24.000,-€ selbst einbezahlt haben. Nun bekommen Sie im letzten (besten) Vertragsjahr einen Bonus von 300,-€. Dies entspricht einem Zinssatz von 1,09%.

Inklusive der Basisverzinsung kommen Sie nun auf einen Zinssatz von 1,59%. Im besten Vertragsjahr!
Die gesamte Laufzeit betrachtet erzielt dieses gängige Vertragsmodell eine Rendite unter 1,5% mit einer Vertragsbindung von 20 Jahren!

Ich möchte Sie nicht schon wieder mit Inflation langweilen, allerdings stellen Sie auch hier fest, dass Sie kaufkraftbereinigt auch mit dieser Vertragsart ein **Minusgeschäft** machen. Steuern nicht berücksichtigt!

Aber was ist schon ein Banküberfall verglichen mit der Gründung einer Bank!

5 Produkte – Der graue Kapitalmarkt; Wovon Sie die Finger lassen sollten!

Abbildung 13: Eigene Darstellung "Hände weg"

5.1 Grauer Kapitalmarkt und Schwarze Schafe

Lassen Sie mich dieses Kapitel mit einer Begebenheit beginnen, welche mir am Anfang meiner Geschäftstätigkeit widerfahren ist. Diesem Erlebnis habe ich es zu verdanken, dass ich mich bis zum heutigen Tage niemals auf die verlockenden Angebote und häufig falschen Versprechungen der Produktgeber eingelassen habe. Aus dem Blickwinkel des Vermittlers, welcher sich gerade im Aufbau seines Geschäftes befindet, sind manche Angebote des „grauen Kapitalmarktes“ schon sehr verlockend.
Versetzen Sie sich „ausnahmsweise“ in die Situation eines Anlageberaters. Der Kunde signalisiert seine Bereitschaft, eine Einmalanlage von 10.000,- € zu tätigen, im Regulierten Kapitalmarkt (Investmentfonds). Hierfür erhält der Vermittler hierfür eine Provision, je nach Fonds zwischen 250,- bis 500,-€. Bei der Vermittlung von Graumarktprodukten ist es nicht selten hierfür eine Provision bis zu 1.500,-€ zu erhalten. Wie würden Sie anstelle des Vermittlers entscheiden, wenn Sie sich gerade in einer finanziell schwierigen Situation befinden.
An dieser Stelle hört leider in einigen Fällen die Fürsorgepflicht für den Kunden auf und der eigene Geldbeutel tritt in den Vordergrund. Natürlich findet der Vermittler (oder die Bank) dann Gründe für sich selbst und für den Kunden warum dieses Produkt doch für gut befunden wird. Allerdings enden solche Situationen in einigen Fällen ähnlich wie in folgender Geschichte.

Im Jahr 2003 kam ich zu einem Termin mit einer allein stehenden Dame, ich wurde von einem ihrer Freunde dorthin empfohlen. Bereits im Vorfeld bekam ich durch diesen Freund die Information, dass wohl eine Schwierigkeit mit einem der vorher getätigten Verträge besteht, und so bat man mich um Hilfe.
Nach einem kurzen Kennenlerngespräch offenbarte mir die nette Dame ihre Situation nebst Entstehungsgeschichte.

Sie hatte einige Jahre zuvor eine damals ansehnliche Summe von ca. 500.000,- DM geerbt. Ihr damaliger Berater kam mit einer, nach seiner Meinung, erstklassigen Idee auf sie zu. 250.000,- DM wurden zur Anschaffung eines Einfamilienhauses verwendet und der Rest sollte gewinnbringend angelegt werden. Man investierte also die 250.000,-DM in die Beteiligung einer Immobiliengesellschaft, hierfür war eine Rendite von 8% in Aussicht gestellt worden. Natürlich gäbe es auch kein Risiko, da Immobilien ja eine absolut sichere Investition seien, dass sehe sie ja bereits an ihrem eigenen Haus. Drei Monate später kam der Vermittler erneut mit einer „spitzenmäßigen" Idee auf unsere liebenswerte Dame zu.
Da sie ja nun „Sachwerte" habe, könne man diese ja beleihen und die Kreditsumme in weitere Beteiligungen investieren. 150.000,- DM war die Höhe des Kredites. Als zusätzliche Sicherheit war der Abschluss einer Risikolebensversicherung nötig.
Mit Hilfe der handgeschriebenen Aufzeichnungen des Vermittlers gelang es mir, das mutmaßlich stattgefundene Verkaufsgespräch einigermaßen zu rekonstruieren. Für dieses tilgungsfreie Darlehen wurden jährlich 5,2% Zinsen fällig, folglich 7.800,- DM pro Jahr.
Die Risikolebensversicherung bereitete nochmals kosten von ca. 250,- DM pro Jahr. Gedeckt werden sollten die Zinsen, gemäß der Aufzeichnungen durch die achtprozentige Ausschüttung der „sicheren" Immobilienanlage, also 12.000,- DM. Im Endergebnis wäre, den Aufzeichnungen nach, die Summe von ca. 4.000,-DM übrig – ohne jedes Risiko!
Vermutlich können Sie sich bereits vorstellen wie diese Sache ihr Ende nahm. Am Tage unseres Ersttermins lag bereits ein Schreiben der Bank vor, welche die vierteljährliche Zinszahlung einforderte, da die Ausschüttung der Beteiligung nicht ausgezahlt wurde. Zwei Monate später erhielten wir Mitteilung über die Insolvenz der Beteiligungsgesellschaft und den Totalverlust des eingesetzten Kapitals. Der Versuch, den Schaden auf den

Vermittler umzulegen, blieb leider erfolglos, da dieser selbst keine Mittel mehr besaß.

Das traurige Ende dieser provisionsorientierten Beratung durch den Vermittler war folgendes Ergebnis: Die Kundin hatte insgesamt 400.000,- DM in den Beteiligungen verloren und musste ab diesem Jahr zusätzlich zu den Zinsen auch noch die Tilgung aufbringen, welches in ihrer Situation finanziell einfach nicht möglich gewesen ist. Das gekaufte Eigenheim musste deutlich unter Preis verkauft werden und es blieb eine Restschuld von satten 30.000,- DM

Auf diese Weise schaffen Sie es problemlos, aus einem Erbe von 500.000,- eine Schuld von 30.000,- zu machen, durch rücksichtslose und provisionsorientierte Beratung (stimmt genau).

Ich persönlich habe mir während dieser traurigen Geschichte selbst geschworen niemals zu Produkten zu greifen, welche nicht reguliert sind, egal, wie „sicher“ und verlockend sich das Angebot anhört.

Wenn Sie als Kunde dies auch befolgen, haben Sie eine der größten Gefahren des Kapitalmarktes bereits ausgeschaltet.

5.2 Welche Produkte finden Sie auf dem „grauen Kapitalmarkt“

Vorab, nicht alle Produkte auf dem „Grauen Kapitalmarkt“ sind unseriös. Es fällt nur sehr schwer, die seriösen von den unseriösen zu trennen. In vielen Fällen merken Sie erst zum Rückzahlungstermin, ob Sie tatsächlich eine gute Wahl getroffen haben. Zumal ist ein Ausstieg während der Laufzeit nicht möglich, auch wenn Sie bereits kurz nach Beginn des Vertragsverhältnisses feststellen eine falsche Entscheidung getroffen zu haben. Einige der Verkäufer bewerben diese sogar mit Falschaussagen bezüglich des Bundesaussichtsamtes, die Tatsache, dass auf einem Prospekt die Worte „BaFin geprüft“ stehen, sagt lediglich aus,

dass das Prospekt, welches Sie in den Händen halten, den Anforderungen des Bundesaufsichtsamtes entspricht, nicht die Anlage und auch nicht die Gesellschaft.
Natürlich wird der Vermittler mit all seinen ihm zur Verfügung stehenden Argumenten versuchen, Sie zu überzeugen, dass genau in diesem Einzelfall alles anders ist und er bzw. seine Gesellschaft zu den wenigen „seriösen" Unternehmen am Markt zählt – lassen Sie sich nicht blenden!
Nur 6 Prozent der geschlossenen Fonds schafften es, im Rückblick bis 1972 ihre gestellte Prognose zu erfüllen.
69 Prozent aller von Stiftung Warentest im Jahr 2015 getesteten geschlossenen Fonds und Beteiligungen brachten für den Anleger Verluste ein.[19]
Als jüngstes Beispiel sehen wir uns die Windkraftbeteiligung Prokon an. Rund 75.000 Anleger verloren ca. 60 Prozent Ihres eingezahlten Kapitals. Wenn selbst Finanzprofis sich von Betrügern wie zum Beispiel die S&K Gruppe täuschen lassen, haben Sie dann als Privatanleger tatsächlich den Glauben, Sie könnten dem entgehen?
Kurz zum Hintergrund: Die Wurzeln gehen bis ins Jahr 2000 zurück, die Geschäftsleute Schäfer und Köller (S&K) kauften Mehrfamilienhäuser und teilten diese in Eigentumswohnungen auf.
Grundsätzlich ein Geschäftsmodell, welches sich logisch und seriös anhört und verkaufen lässt. Aber auch dieses Geschäftsmodell lässt nicht zu, mehr Geld auszugeben, als man einnimmt. Schöne Hochglanzprospekte, teure Uhren, ausgefallene Partys mit hübschen Frauen, schnelle Autos, von all dem ließen sich auch andere „Finanzprofis" blenden und begannen mit der Vermittlung derer Produkte. Das traurige Ende: 11.000 Anleger verloren insgesamt 240 Millionen Euro und die beiden Geschäftsführer sitzen im Knast.

---

[19] Geschlossene Fonds

Die Klageschrift umfasste 1780 Seiten und ist bisher der wohl größte Finanzskandal der deutschen Geschichte, bis jemand kommt der noch besser blenden kann. Sie können förmlich darauf warten, bis Sie irgendwann morgens die Bildzeitung aufschlagen und die Überschrift wird sich ähnlich lesen: „Neuer Anlageskandal: Tausende von Anlegern verlieren ihr Geld!“

Die Fantasie der Produktneuschöpfungen ist so unendlich wie die Geldgier jener, welche diese immer wieder vermitteln. Kaum ist der eine vom Markt gefegt, kommt schon der nächste mit einer „brandneuen spitzenmäßigen Idee“ um die Ecke, die Ihnen als absolute Marktrevolution erklärt wird.
Die Argumente der Gesellschaften und der Vermittler bleiben jedoch meist ähnlich:

hohe Zinsen/Renditen ohne Risiko
keine Marktschwankung
ethisch korrekte Anlageentscheidungen
falsche Garantieversprechen

Eben die eierlegende Wollmilchsau auf dem Kapitalmarkt. Seien Sie gewiss, so etwas gibt es nicht, egal, wie gut es sich anhört und wie nett der Vermittler auch sein mag, lassen Sie Ihre Finger von:

Unternehmensbeteiligungen
Genussrechte und andere Hybride Anleihen-Formen
Orderschuldverschreibungen
Crowdfunding
Direktinvestments, z.B. Holz, Edelmetalle, Minen, Windkraftanlagen, Solarfeldern etc.
Gold- und Edelmetallsparpläne
Kauf und Rückvermietungsverträgen
Und alle anderen Anlagen welche nicht dem regulierten Kapitalmarkt unterliegen

Ich möchte Ihnen das Prinzip dieser Produkte anhand eines einfacheren greifbaren Beispiels erklären.

Wir nehmen an, dass es in Ihrem Wohnort einen Schreiner gibt, den Sie zwar flüchtig, nicht aber gut kennen. Nun klingelt genau dieser Schreinermeister eines Abends an Ihrer Haustüre und bittet Sie um 30 Minuten Ihrer Zeit, um Ihnen ein geschäftliches Angebot zu unterbreiten. Seine Idee: Er hat vor, seine Schreinerei zu erweitern und diese in eine GbR zu verwandeln. Sie bekommen die „einmalige" Gelegenheit, sich am Gewinn der GbR zu beteiligen, indem Sie gegen einen Einmalbeitrag „stille" Anteile der Firma kaufen. Mitspracherecht haben Sie jedoch nicht wirklich. Selbstverständlich hat unser Schreinermeister auch das Recht, sich ein Gehalt zu zahlen, welches er ohne Ihr Einverständnis gegebenenfalls auch erhöhen kann. Natürlich hat er auch das Recht, ohne eine Sondergenehmigung von Ihnen Kredite an sich selbst zu geben. Sollte die „Schreinermeister GbR" dann aber Gewinn abwerfen, bekommen Sie einen Anteil daran. Sollte sie keinen Gewinn abwerfen, bekommen Sie keine Ausschüttung, der Schreinermeister aber dennoch sein Gehalt. Sollte die GbR „pleite" gehen, ist Ihr Geld verloren. Im schlechtesten Fall haften Sie auch noch für die verbleibenden Schulden mit Ihrem Privatvermögen.

Welche Antwort würden Sie unserem Schreinermeister nach dieser pragmatischen Erklärung geben?
Richtig! Natürlich würden Sie unter keinen Umständen dieses Risiko eingehen und würden das Gespräch vermutlich relativ schnell beenden.
Von einem geschulten Verkäufer des „grauen Marktes" hört sich ein solches Verkaufsgespräch zumeist ein wenig anders an. Verluste werden in Steuervorteile verwandelt, fehlende geschäftliche Eingriffsmöglichkeiten werden als Sorglospaket ver-

packt. Außerdem gibt es ja eine Bürgschaft und ein unabhängiger Treuhänder überwacht alles …

All dies hätte Ihnen im Fall der Captura GmbH auch nichts gebracht, wobei es sich in diesem Fall um Inhaberschuldverschreibungen und Nachrangdarlehen gehandelt hat. Sie können mit dem Wort nichts anfangen? Dann lassen Sie einfach die Finger davon!

6 Produkte, kein Grund den Kopf in den Sand zu stecken

6.1 Wenn du entdeckst, dass du ein totes Pferd reitest, steige ab!

An dieser Stelle möchte ich Ihnen nochmals Mut machen, Ihre Ordner mit Ihren bisherigen Sparanlagen und die Tabellen, welche wir bereits im Vorfeld erstellt haben, zur Hand zu nehmen. Eine Prüfung Ihrer Sparanlagen bezüglich Ihrer eigenen Ziele haben wir bereits im ersten Teil vollzogen. Hier werden Sie vermutlich bereits festgestellt haben, dass viele Ihrer Produkte schon im Grundsatz nicht in der Lage sind, Ihre Ziele zu verwirklichen.

Nun sollten wir diese Prüfung auch produkttechnisch wiederholen. Schließlich bringt es Ihnen wenig, wenn Sie von einer Rendite von 8% ausgehen und am Ende den Totalverlust Ihres Geldes beklagen müssen.

Genauso wenig bringt es Ihnen, wenn Sie am Ende der Laufzeit feststellen, Ihre eigenen Renditeziele erheblich verfehlt zu haben und inflationsbereinigt ein Minus auf Ihrer Rechnung erscheint.

Jeder Computer hat einen Resetknopf.

Beim Arbeiten am PC fällt uns das am deutlichsten auf. Wenn unser liebes Betriebssystem streikt oder ein Virus das System lahm legt, bleibt manchmal keine andere Wahl, außer wir drücken den Resetknopf oder löschen die Festplatte. Auch wenn es dabei zu Datenverlust kommen kann, ist es in einigen Fällen besser, das System neu zu installieren, ehe man mit einem fehlerhaften System weiterarbeitet und es später zum totalen Kollaps kommt.

Hätte Thomas Edison immer wieder am selben Modell der Glühbirne herumgebastel,t dann hätten wir vermutlich heute noch kein Licht.

Auch Edison musste erkennen, dass er Erfolg nicht auf Misserfolg aufbauen kann und hat 10.000 neue Versuche starten müssen, ehe er an seinem Ziel angelangt war.

Nun neigen wir in unserer Mentalität eher dazu, an unseren Gewohnheiten festzuhalten und lieber ein schlechtes Produkt weiter zu benutzen, als einen klaren Schnitt zu machen und nochmal von vorne zu beginnen.
Hierfür finden wir dann genügend Argumente, um die eigene Komfortzone nicht zu verlassen. Die meisten Menschen sind sehr zögerlich, wenn es darum geht, Entscheidungen zu treffen, welche außerhalb ihrer täglichen Bandbreite liegen.

Sicherlich kennen Sie Menschen, welche in einer total zerrütteten Beziehung leben. Ich kenne da einige solcher Paare! Die Verhaltensmuster dieser Paare sind meist ähnlich. Man hat sich wenig zu sagen, erlebt keine gemeinsame Freude mehr, der tägliche Streit ist schon vollkommene Normalität. Wenn man beide Partner getrennt voneinander nach der Meinung über den anderen fragt, ist der gegenseitige Respekt auf dem Nullpunkt. In einigen Beziehungen kann man dann beobachten, dass einer der beiden Partner dieses Defizit in seiner Beziehung versucht zu lösen, indem er/sie sich auf ein Verhältnis einlässt. Wenn es aber darum geht sich zu trennen, bringt keiner der beiden den Mut auf, den entscheidenden Schritt auch zu gehen. Auch hier finden sich dann genügend Argumente, weshalb man sich nicht trennen sollte. Die gemeinsamen Kinder, der gemeinsam erwirtschaftete Wohlstand und die gemeinsamen Freunde. All dies wird dann dafür benutzt, sich selbst Gründe zu liefern, warum man lieber in einer unglücklichen Beziehung verharrt, als dieser ein ehrliches Ende zu bereiten.
Sind Sie jemals in den Genuss gekommen, eine Arbeitsplatzdiskussion bei einem Stammtisch zu verfolgen? Laut einem

Presseportal[20] sind 49 Prozent aller deutschen Arbeitnehmer unzufrieden mit ihrem Beschäftigungsverhältnis. Den Mut zur Veränderung haben wiederum die wenigsten. Da begnügen wir uns doch lieber damit, das bisher Erreichte nicht aufs Spiel zu setzen. Wir ärgern uns lieber Tag ein Tag aus über die gleichen Kollegen und Chefs, über den Druck am Arbeitsplatz, über die zu geringe Bezahlung am Monatsende und tausend andere Dinge, welche am Ende eher zu „Burnout" und Krebs als zu einem glücklichen erfüllten Leben führen.

Ähnlich oder besser genauso verhalten wir uns im Bereich unser Geldanlagen. Denken Sie zurück an die 1,9 Milliarden Euro auf deutschen Sparbüchern!
Würden Sie die Nutzer dieser Bücher fragen, wie zufrieden sie mit dem Zins sind, welchen sie für ihre Einlage erhalten? Dann bekommen Sie natürlich die unmittelbare Unzufriedenheit mitgeteilt.
Aber ändern? Nein, das dann lieber nicht!

Ganz nach dem Motto:

„In der Güllegrube stinkt es zwar, aber es ist schön warm."

Gerne wiegen wir die alten Gewohnheiten schwerer als neue Chancen.
Ich möchte in Ihnen auch nicht den Anschein erwecken, 10.000 Versuche machen zu müssen, ehe Sie an Ihr Ziel gelangen, aber Sie können Ihren finanziellen Erfolg nicht damit aufbauen, indem Sie aus Gewohnheit ungeeignete Produkte weiter nutzen. Wie wir bereits festgestellt haben, mögen Menschen Rituale und Gewohnheiten, allerdings fällt uns die Trennung häufig schwer. Gerade diese Haltung ist im Geldanlagebereich fehl am

---

[20] Presseportal

Platz. Unabhängig davon wie viel Geld Sie besitzen, Sie haben dieses nur einmal zur Verfügung, Sie können es sich nicht leisten dieses experimentell in Produkten liegen zu lassen, von denen Sie wissen, dass diese für Sie und Ihre Ziele oder zum Vermögensaufbau vollkommen ungeeignet sind.

Einige Ernährungsberater und mindestens ein sehr bekannter Lifecoach empfiehlt zu Beginn einer Diät folgendes:

„Nehmen Sie all die falschen Lebensmittel, welche Sie in Zukunft nicht mehr verzehren wollen, packen Sie diese in eine Plastiktüte und gehen Sie damit zur Mülltonne. Deckel auf – und weg damit! Singen Sie dabei ein Lied, welches Ihnen Kraft gibt, zum Beispiel
„We are the Champions"!
Verschenken Sie diese NICHT an Freunde und Bekannte, es sei denn, Sie wünschen diesen keine Gesundheit!

Jeder gute Unternehmer wird sich von verlustreichen, unsanierbaren Abteilungen trennen, wenn er erkennt, dass diese eine Gefahr für sein Unternehmen sind.

Deswegen:

Steigen Sie ab, wenn Ihr Pferd tot ist!
Nehmen Sie jetzt Ihre Tabellen und trennen Sie sich von unrentablen Geldanlangen und von denen, welche nicht zu Ihren persönlichen Zielen passen!
Und fühlen Sie sich gut dabei, Ihre Altlasten entsorgt zu haben!

6.2 Kein Licht ohne Schatten, kein Schatten ohne Licht

Wie hat sich diese Entscheidung für Sie angefühlt?
War da noch eine letzte Unsicherheit in Ihrer Magengegend oder haben Sie bereits jetzt entschlossen und willensstark gehandelt?
Sicher bleiben bei solchen einschneidenden Entscheidungen erst einmal Restzweifel, diese werden sich auch erst im Laufe der nächsten Jahre vollends auflösen. Nach meiner Erfahrung, haben diese Restzweifel durchaus einen positiven Aspekt. So haben viele meiner Kunden im Laufe ihrer „Altlastenbefreiung" ihre Sinne so weit geschärft, dass sie ihre Neuanlagen deutlich schärfer unter die Lupe nahmen als vorher.
Und das ist auch gut so! Somit haben wir erreicht, dass nicht der nächste geschickte Verkäufer zu Ihnen nach Hause kommt, um Ihnen das nächste „Schrottprodukt" aufs Auge drückt, nur weil ihm die Gesellschaft eine erstklassige Provision dafür bezahlt.
Es ist eine gern praktizierte Methode von Gesellschaften, Sie nicht auf Anhieb aus den ungeliebten Produkten zu entlassen, schon gleich, wenn es sich um „Knebelprodukte" des „grauen Kapitalmarktes" oder andere unvorteilhafte Vereinbarungen handelt. Sollten Sie diesbezüglich an Ihre Grenzen stoßen empfehle ich Ihnen, professionelle Hilfe in Anspruch zu nehmen. Diese erhalten Sie in der Regel bei einem Fachanwalt für Kapitalrecht oder bei Verbraucherzentralen.
Scheuen Sie nicht diesen Weg, denn es geht hier um IHR Geld.

7 Produkte, wohin nun mit dem Geld?

7.1 Jeder Mensch benötigt ein Depot!

„Der Hauptsponsor und Initiator dieses Vorstoßes ist die Apple Computer Corporation, deren Vorsitzender, Steve Jobs, zum wiederholten Mal schwor, Computer in jede amerikanische Schule zu bringen.“[21]

Steve Jobs wurde lange Zeit für seine Vision belächelt: den Computer für „jedermann“. Diese Vision ist bereits länger zur Realität geworden, in fast jedem amerikanischen und auch deutschen Haushalt befindet sich heute wenigstens ein funktionsfähiger, internetfähiger PC.

Umso schockierender ist für mich immer wieder der Umstand, in der heutigen Zeit einen Termin mit Menschen zu haben, welche das Wort „Depot“ oder Anlagedepot offenbar noch nie gehört haben, geschweige denn eines besitzen.
Noch schlimmer, wenn man den durchschnittlichen „Sparer“ nach dem vorhanden sein eines „Depots“ befragt erntet man nicht selten neben fragenden Blicken auch eine zusätzlich ablehnende Haltung. Anscheinend verbindet unser „deutscher Sparer“ eine Depoteröffnung noch immer mit einer hochspekulativen Aktienanlage vom „neuen Markt“.

Nach meiner Meinung gehört ein Depot in der heutigen Zeit genauso zum Leben eines Menschen wie die Führung eines Girokontos oder das Besitzen eines Kühlschrankes. Sie können Ihr Leben sicher auch ohne Kühlschrank führen, aber Ihr Essen wir schneller schlecht. Sie können Ihr Leben sicher auch ohne Depot führen, aber Vermögen aufbauen werden Sie nie!
Was genau ist denn nun ein Depot?

---

[21] Steve Jobs

Viele Familien besitzen einen Vorratskeller, eine Speisekammer oder eine Tiefkühleinheit in ihrem Haushalt. Dort kaufen wir Lebensmittel ein und verwahren diese für einen späteren Zeitpunkt.
Mancher Sparfuchs achtet mit göttlicher Hingabe auf die Sonderangebote in Supermärkten, um sich zu günstigen Preisen für einen längeren Zeitraum einzudecken.
Wenn wir unvorhersehbar Gäste bekommen, gehen wir wie selbstverständlich an unsere Vorräte, um unseren Freunden ein gutes Mahl zu bereiten. Wir entnehmen einen kleinen Teil unserer Vorräte, aber wir verkaufen nicht den Gefrierschrank.
Nun stellen Sie sich noch vor, es gäbe einen „magischen Gefrierschrank", in welchen sie eine Weihnachtsgans hineinlegen und wie durch ein Wunder vermehrt sich diese Gans je länger Sie diese in Ihrem Gefrierschrank belassen. Erst eine zusätzliche Gans, dann zwei, nach einiger Zeit vier ...

Genauso oder ähnlich sollten Sie Ihr Anlagedepot betrachten!
Es ist dafür geschaffen, Ihre Vermögenswerte zu verwahren, um diese zu einem späteren Zeitpunkt Ihrer gedachten Verwendung zuzuführen.
Ähnlich wie Sie bei einem Gefrierschrank bei der Anschaffung auf Energiekosten, Qualität und Größe achten, sollten Sie dies auch bei Ihrem Depot tun.
Achten Sie darauf, dass die Kosten in einem überschaubaren Rahmen liegen. Sie bekommen in der heutigen Zeit durchaus ein hochwertiges Produkt für welches Sie „nur" mit einer Jahresgebühr zwischen 40,- € und 60,-€ zu rechnen haben.
Die Kosten alleine sind allerdings nicht das einzige Kriterium, auf welches Sie achten müssen.
Noch wichtiger ist die Qualität und die ausreichende Anzahl der Anlageprodukte, deren Verwendung innerhalb dieses Depots zugelassen sind. Hierbei spielt die größte Rolle die Unabhängigkeit der Depotbank. Sie würden sich ja auch keinen Gefrier-

schrank kaufen, in welchen Sie nur Weihnachtsgänse einlagern können.
Hauseigene Depots von Investmentgesellschaften, die ausschließlich die Lagerung hauseigener Produkte zulassen, fallen somit durch unser Netz und sind für Ihre Zukunft ungeeignet.

Häufig gestellte Fragen

Wie sicher ist ein Depot?
Über die Vorgänge bei den Depotbanken wacht in Deutschland die Bundesanstalt für Finanzdienstleistungsaufsicht, BaFin. Hierbei werden nicht nur die Jahresbilanzen geprüft, vielmehr findet eine monatliche Überwachung der Bilanzen statt, um eine Fehlentwicklung frühzeitig zu erkennen.
Selbst bei einer Insolvenz der Depotbank behält der Anleger seine gelagerten Anteile in vollem Umfang und kann diese Anteile auf eine andere Depotbank übertragen lassen.
Die verwahrten Anteile zählen nicht zu den Vermögen der Depotbank sondern werden als Sondervermögen verwaltet. Es besteht also lediglich ein Verwahrauftrag für Ihre Vermögenswerte.

Welche Wertpapiere kann ich in ein Depot einlagern?
Da ich grundsätzlich die Auffassung vertrete, dass einzelne Wertpapiere für Privatkunden ungeeignet sind (die Begründung werde ich Ihnen auf den später folgenden Seiten liefern), beläuft sich meine Empfehlung auf ein „Fondsdepot“. In einem Fondsdepot, bei einer unabhängigen Depotbank können Sie in der Regel alle Arten offener Publikumsfonds, Indexfonds und Exchange Traded Funds (kurz ETF) lagern.
Genau hier wird der Vorteil einer Zentralen Verwahrstelle klar. Durch ein Fondsdepot haben Sie trotz unterschiedlicher Anlagen und Strategien eine einfache und klare Übersicht über Ihr Vermögen.

Kann ich schnell und problemlos auf mein Vermögen zugreifen?
Ja das können Sie. Die relativ schnelle Verfügbarkeit ist eine der größten Vorteile einer Fondsanlage. Anders als bei den Knebelprodukten der Banken und Versicherungen, sind Sie bei einer Investmentfondsanlage in Ihrem Depot nicht an eine Laufzeit gebunden. Es ist ja IHR Vermögen und nicht das einer Bank oder Versicherung!
In der Regel können die im Fondsdepot enthaltenen Anteile börsentäglich per Verkaufsauftrag zum jeweilig gültigen Tageskurs verkauft werden. Der Verkaufserlös wird Ihnen dann per Überweisung auf Ihr angegebenes Girokonto überwiesen.
Das Anlagedepot hat hierbei nichts mit dem Kurs Ihres Anteils zu tun, weswegen Sie grundsätzlich einen Verkauf mit Ihrem unabhängigen Berater besprechen sollten.
Im Punkt Flexibilität werden Sie keine Alternative zum Anlagedepot finden. Sie können nicht nur Zugreifen, auch Ihre Einzahlungen, egal, ob monatlich oder einmalig, lassen sich vollkommen flexibel gestalten.

Kann ich mein Fondsdepot beleihen?
Gute qualitativ hochwertige Depotbanken, bieten in der heutigen Zeit bereits interne „Fondskredite“ an. Da in diesem Fall Ihr Fondsvermögen als Sicherheit dient, gewähren Ihnen gute Depotbanken einen durchaus akzeptablen Zins. Sie können Ihr Depot in der Regel auch bei Ihrer Hausbank als Sicherheit hinterlegen, um kurzfristige Liquiditätsengpässe zu schließen. Wobei ich Sie angesichts Ihres Finanzplanes nochmals darauf hinweisen möchte, die Finger von Konsumkrediten zu lassen.
In einigen Fällen macht es allerdings mehr Sinn, einen kurzfristigen Kredit zu nehmen, als gute Vermögenswerte zu veräußern und den bisher erwirtschafteten Gewinn in diesem Moment zu versteuern.

Wie eröffne ich ein Fondsdepot

Grundsätzlich können Sie dies in Tagen von Internet und Informationsüberflutung selbst erledigen. Ich warne hierbei allerdings vor unserer „Geiz ist geil“ Mentalität, welche sich zunehmend in den letzten Jahren entwickelt hat.

Der in meinen Augen sinnvollste Weg ist es, sich einen freien unabhängigen Berater zu suchen. Dieser wird Ihnen bei der Auswahl behilflich sein. Er wird hierbei nicht ausschließlich die Gebührenstruktur sondern auch Ihre Anlageziele und Ihre Anlegermentalität in die Entscheidungsfindung mit einfließen lassen. Vorausgesetzt, er versteht etwas von seinem Handwerk.

Ebenfalls wird er im Anschluss die Eröffnungsformalitäten für Sie erledigen und mit Ihnen über Ihre Depotaufstellung sprechen und Ihre offenen Fragen beantworten.

Woran erkenne ich einen seriösen Berater?

Dieses ist wohl die für den Kunden am schwierigsten zu beantwortende Frage. Wenn dies so einfach wäre, hätten Sie sich vermutlich nicht dieses Buch aneignen müssen. Denn selbst diejenigen Berater, welche es nicht ehrlich mit Ihnen meinen, tragen meist das Wissen in sich, was von einem seriösen Berater erwartet wird, und versuchen, Sie hinters Licht zu führen.

Grundsätzlich hat seriös noch nichts mit gut zu tun, weswegen ich in den folgenden Zeilen beides auch unterscheiden möchte.

Ein seriöser Berater wird sich immer mehrere Termine für Sie Zeit nehmen (minimum drei). Er wird Sie nicht zum Abschluss drängen.

Er wird die Auffassung vertreten, Sie erst dann abschließen zu lassen wenn er überzeugt ist, dass Sie alles verstanden haben.

Er wird Sie in diesen Terminen nach Ihren Anlagezielen, Vermögenswerten und Ihrer Gesamtsituation befragen.

Er ist problemlos bereit Ihnen seine Verdienststruktur offen zu legen und erklärt Ihnen bereitwillig, wie er seine Beratungsleistung refinanziert.
Er wird mit Ihnen gemeinsam ein Beratungsprotokoll erstellen und Ihnen dies in Kopie aushändigen.
Er wird sich einen Überblick über Ihre bisherigen Anlagen verschaffen, um eventuelle Neuinvestitionen Ihrem Bestand anzupassen.
Er unterrichtet Sie über Chancen, Risiken und Schwankungsbreite. Unseriöse Berater versuchen häufig Risiken oder Schwankungen zu verharmlosen oder erwähnen diese gar nicht.
Er wird sich mit einer schriftlichen Beratungsabsprache verpflichten, Sie auch in Zukunft zu betreuen.
Er gibt zu, wenn er eine gerade gestellte Frage, momentan, nicht beantworten kann bevor er eine unprofessionelle falsche Antwort gibt.
Beenden Sie Gespräche wenn Ihnen ein Berater beim ersten oder zweiten Zusammentreffen eine konkrete Anlageempfehlung ausspricht, ohne sie genau zu kennen, oder schlimmer, nach so kurzer Zeit bereit wäre, Ihnen einen Vertrag XY anzubieten.

Ein guter Berater sollte eine Anlagephilosophie haben. Er verkauft nicht heute dies und morgen das Produkt.

Er ist Spezialist auf seinem Gebiet und verkauft nicht nebenbei Sachversicherungen, Stromverträge, Nahrungsergänzung oder sonstige provisionspflichtigen Produkte.

Er lebt und liebt sein Geschäft und betrachtet dies als seine Leidenschaft.
Er geht auf all Ihre Fragen ein, ohne dabei genervt zu wirken.

Lassen Sie sich hierbei nicht von Ausbildung und Studiengängen blenden. Noch heute folge ich gerne den Einladungen mancher Investmentgesellschaften und treffe dort auf Bankfachwirte, welche manchmal deutlich dümmere Fragen stellen als der Quereinsteiger, der seinen Beruf liebt.

8 Produkte, Investmentfonds

8.1 Die Fondsidee

Ein wesentlicher Teil Ihres Vermögens sollte in Investmentfonds angelegt sein, aber was genau ist ein Fonds?

DER SEIFENVERKÄUFER
Auf einer Veranstaltung traf ich einen erfolgreichen Verkäufer, der für einen der größten Seifenhersteller arbeitete. Seinen Bemühungen war es zu verdanken, dass seit Jahren die Produkte seiner Firma einen gleichbleibend hohen Absatz erzielten.
Auf die Frage, wie er es machte, soviel Seife zu verkaufen, sagte er: „Seife? Was ist das?“ Seine Augen fingen an zu leuchten.
„Oh, Sie meinen jenen Artikel,
- der den Hausfrauen so viel Arbeit spart,
- der die Krönung aller Hausreinigungsmittel darstellt,
- der die Wäsche so süß duften lässt.
Sie meinen jenes Mittel,
- das selbst die ölverschmutzte Hand eines Motorschlossers sofort reinigt,
- das Bakterien, Schmutz und Keime sofort verschwinden lässt.
Sie meinen die einmalige Formel,
- durch die der Esstisch in blütenweißer Wäsche erstrahlen kann,
- die Ihrer Frau erlaubt, all ihre Hausarbeit ohne Furcht vor verschmutzten und verfärbten Händen zu tun.
Sie meinen das exzellente und sensationelle Produkt, das Ihrem kleinen Mädchen solch einen Hauch von Pfirsich und Creme gibt.
Oh, das ist es, was Sie Seife nennen?
Was für ein nichtssagender, alltäglicher Name für eine solch wundervolle, herrliche, einmalige und kolossale Erfindung.“[22] (Facebook)

---

[22] Der Seifenverkäufer

Wie oben beschrieben, finde ich das einfache Wort Fonds fast schon lächerlich für eine der genialsten Erfindungen, welche dem Privatanleger für seinen Kapitalaufbau zur Verfügung stehen.

Versetzen wir uns 500 Jahre in der Geschichte zurück und stellen Sie sich vor, Sie wären ein niederländischer Kaufmann. Ihr Geschäft besteht daraus, Waren in Indien einzukaufen und mit einem Schiff nach Holland zu transportieren, dort können Sie diese für einen erstklassigen Preis verkaufen.
Unterwegs lauern einige gefahren, Stürme, hoher Seegang und Piraten haben es auf Ihre wertvolle Fracht abgesehen. Wenn Sie Glück haben, kommt Ihre Fracht unbeschadet im Zielhafen an. Haben Sie Pech, sinkt das Schiff mit Ihrer gesamten Investition. In der Zwischenzeit machen Sie Nachts kein Auge zu, weil Ihre gesamte Zukunft von der Ankunft des Schiffes abhängt.
Wäre es nicht sicherer, sich mit anderen Kaufleuten zusammen zu tun, die Waren nicht auf ein Schiff, sondern eine Flotte von 100 Schiffen aufzuteilen und diese auf unterschiedlichen Routen zum Zielhafen zu schicken?
Richtig! Die Wahrscheinlichkeit, Ihre gesamten Waren zu verlieren wäre deutlich geringer als nur mit einem Schiff!
Würden diese Schiffe noch von staatlichen Militärschiffen begleitet, welche Piraten an einem Zugriff hindert, wäre eine zusätzliche Sicherheit gegeben.

Der Grundgedanke, gemeinsam bei der Kapitalanlage mehr zu erreichen und hierbei das Risiko zu minimieren, ist Jahrhunderte alt.
Genau nach diesem Prinzip erschuf Abraham van Ketwich im Jahre 1774 den ersten Publikumsfonds, dessen Name bereits alles aussagt: „Eintracht macht stark“.

Auch in der heutigen Zeit funktionieren Investmentfonds nach dem alt hergebrachten Prinzip. Viele Anleger investieren ihr Geld in einen gemeinsamen Fonds und erhalten als Gegenwert Anteilsscheine. Diese Anteilsscheine stellen einen reinen Sachwert dar, ähnlich dem Ziegelstein eines Hauses.
Das eingezahlte Kapital wird innerhalb des Fonds von einem professionellen Management verwaltet. Je nach Art des Fonds werden nun Aktien, Anleihen, Rohstoffe oder Immobilien gekauft und verwaltet.

Weniger Risiko durch Streuung

Es ist die Aufgabe des Managementteams, die Papiere, in welche investiert werden soll, genau zu analysieren und in der Zukunft zu überwachen, ob die getroffenen Entscheidungen richtig gewesen sind. Häufig verteilen Fonds das Gesamtvermögen auf mehr als 100 verschiedene Wertpapiere, um nicht von der Entwicklung einzelner Unternehmen abhängig zu sein und das Risiko der Anleger zu minimieren. Hierbei darf der Fonds nicht mehr als 10% seines Vermögens in Wertpapiere eines Unternehmens investieren.

Insolvenzschutz

Da die gekauften Wertpapiere getrennt vom Vermögen der Gesellschaft aufbewahrt werden (Sondervermögen), wären diese von einer Insolvenz der Investmentgesellschaft nicht betroffen.
Selbst der Fondsmanager hat keinerlei Möglichkeiten, mit den Geldern der Kunden in Berührung zu kommen. Diese werden von einer unabhängigen Depotbank verwahrt, bis eine Kaufentscheidung getroffen ist. Diese unabhängige Depotbank ist auch für die Verwahrung der Wertpapierbestände zuständig.
Somit ist ein Totalverlust in einem breit streuenden Investmentfonds weder theoretisch noch praktisch möglich.

Somit bieten Investmentfonds seit langer Zeit den höchsten Sicherheitsstandard aller Anlageprodukte.

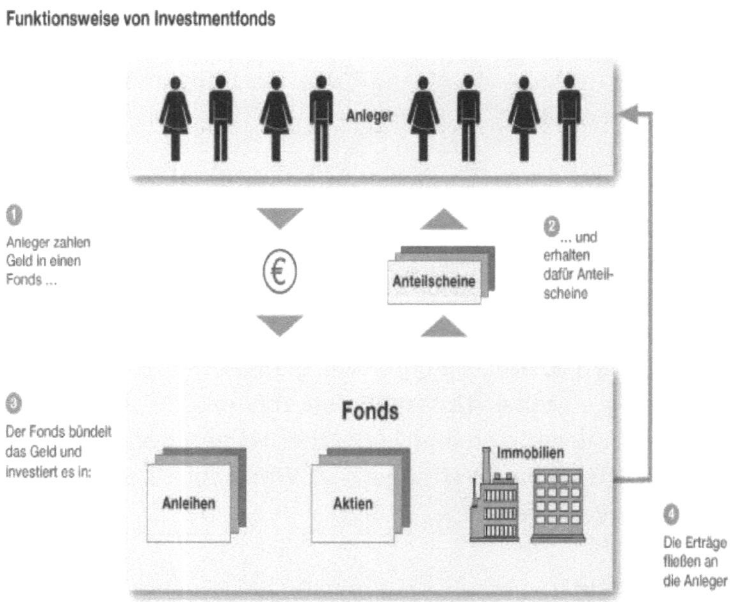

Abbildung 14: Funktionsweise Investmentfonds

Quelle BVI

8.2 Fonds ist nicht gleich Fonds

Nicht jeder Fonds ist für jeden Anleger geeignet, und nicht jeder Fonds ist gut.
Kennen Sie in Ihrem Umfeld Mensche,n welche in der Vergangenheit schlechte Erfahrungen mit einem KFZ gemacht haben? Früher hat man ein reparaturanfälliges Auto gerne als „Montagsauto“ bezeichnet.
Haben die Menschen, welche das Pech hatten, ein schlechtes Modell zu kaufen, deswegen ihren Führerschein abgegeben? Konnten Sie beobachten, dass diese Menschen ihr Auto verkauft haben und sich anstatt dessen lieber ein Klappfahrrad zulegten?
Natürlich nicht! Hier nehmen wir das hin, wir verkaufen den fehlerhaften Wagen an den nächsten Händler und holen uns Ersatz! In der Hoffnung dieser wäre jetzt besser!
Auch mir ging es als Fahranfänger nicht besser! Mein erstes Fahrzeug, ein Opel Manta, musste ich bereits nach vier Wochen wegen eines Motorschadens in „Rente“ schicken. Als Nachfolger hatte ich einen Opel Kadett gewählt, der immerhin ein Jahr seine Dienste tat, ehe auch dieser nicht mehr funktionsfähig gewesen ist. Habe ich deswegen mein altes Mofa wieder aus dem Keller geholt? Oder habe ich wenigstens versucht, der KFZ-Industrie so weit zu vertrauen, dass dies nicht mein ganzes Leben so weitergeht.
Natürlich kam ich damals nicht darum herum, die Überlegung anzustellen, warum mir dieses „Pech“ gleich zweimal widerfährt.
Die Antwort war relativ einfach, ich hatte mich von der schönen Optik über den tatsächlichen Zustand hinwegtäuschen lassen. Bei meinem nächsten Autokauf nahm ich einen mir vertrauten KFZ–Mechaniker, mit welcher mir mit Rat und Tat zur Seite stand.

Aber warum erzähle ich Ihnen diese Geschichte? In geradezu regelmäßigen Abständen sitze ich auch heute noch mit Menschen in Beratungsterminen welche „schlechte Erfahrungen“ mit Fonds gemacht haben.
Diese Menschen neigen dazu, ihre Erfahrungen aus der Vergangenheit eins zu eins in die Zukunft zu projizieren, ohne dabei zu hinterfragen, warum ihre Erfahrungen so waren, wie sie gewesen sind.
Gerade in den Zeiten 1999 bis 2002 wurden seitens der Berater häufig Bankberater gerne vollkommen falsche Depotaufstellungen empfohlen.
Unserem deutschen Bürger, welcher in seinem ganzen Leben noch nie etwas von Investmentfonds gehört hatte und in seinem bisherigen Leben ein Sparbuch und einen Bausparvertrag besessen hatte, wurde nun dank der Börsenhysterie ein eng geschnürter Branchenfonds verkauft. Ergänzt wurde dieses Depot im besten Fall mit einem europäischen Aktienfonds. Mit dem Ende der dot.com-Blase wurde dann seitens der verängstigten Berater gerne eine Verkaufsempfehlung ausgesprochen.
Die Folge Ist klar. Der verängstigte Kunde verkaufte 2003 nicht nur den Branchenfonds sondern den Europäischen Aktienfonds (KFZ) gleich mit. Er überwies den mageren Verkaufserlös zurück auf sein Sparbuch (Klappfahrrad).
Die Ursache des Verlustes wurde nie analysiert und das Thema Investmentfonds war für diese Kunden für alle Zukunft erledigt.

Schade, schade, schade, kann ich da nur sagen!
Hätte sich der eine oder andere Berater im Jahr 2000 bereits an die einfachsten Börsenregeln gehalten und ein internationales Depot mit verschiedenen Anlageklassen aufgestellt, hätte er im Jahr 2003 dem Kunden Mut zugesprochen, dann hätte er spätestens im Jahr 2006 einen zufriedenen Kunden gehabt.

Meine Meinung hierzu:
Viele kommen zu spät, gehen zu früh und machen in der Zwischenzeit auch noch alles falsch.

Lassen Sie sich nicht von falschen Argumenten beeindrucken, die meisten negativen Resultate haben ihren Ursprung nicht in der Qualität des Fonds, sondern in der mangelhaften Beratung, welche abgeliefert wurde.

8.3 Welche Fonds gibt es?

Die Art eines Fonds unterscheidet sich durch die Wertpapiere, in welche er investiert. Hierdurch entsteht auch die typische Charakteristik, Schwankungsbreite und Vergleichbarkeit. Die geläufigsten und wichtigsten Fondsarten möchte ich Ihnen in den folgenden Rubriken näher erläutern.
Grundsätzlich sollten Sie als Privatkunde, und das sind Sie, solange Sie keine eigene Bank haben, unterscheiden zwischen:

Geldmarktfonds
Rentenfonds
Immobilienfonds
Aktienfonds
Mischfonds
Dachfonds
Indexfonds
ETF

Aus diesem Anlageuniversum lässt sich für jeden Kunden ein maßgeschneidertes Depot zusammenstellen. Haben Sie den Mut, sich tiefer in die Materie einzulesen, es geht dabei um IHRE Zukunft.

8.3.1 Der Geldmarktfonds

Ein Geldmarktfonds investiert in der Regel ausschließlich in kurzfristige Termingelder, Schuldtitel und Anleihen der jeweiligen Währung.
Gerne werden gerade in diesem Bereich Fremdwährungsfonds in US Dollar, Schweizer Franken, Norwegischen Krone etc. angeboten.
Für Ihre Wertentwicklung ist nicht nur der dortige Zinsmarkt ausschlaggebend, sondern ebenso der Wechselkurs der Währung. Dieser unterliegt meist einer Schwankungsbreite. Dieses Spiel kennen Sie unter Umständen aus Urlaubsreisen von den öffentlichen Wechselstuben, selten haben Sie dort jeden Tag denselben Wechselkurs.
Ich betrachte einen Geldmarktfonds auch immer als eine Wette auf das Fortbestehen oder die Aufwertung der jeweiligen Währung!
Handelt es sich um einen Geldmarktfonds des Euroraumes, haben Sie natürlich kein Wechselkurs-Risiko/Chance, sondern ausschließlich den Zinsertrag, welcher hier erwirtschaftet wird. Wie lukrativ dieses Geschäft in Zeiten von langanhaltender Niedrigzinspolitik ist, können Sie sich vermutlich selbst denken, hier werden Sie mittelfristig eine inflationsbereinigte Negativrendite erwirtschaften. Sollte Sie dem Experiment Euro ähnlich skeptisch gegenüberstehen wie ich, dann sollten Sie es auch tunlichst unterlassen, einen euronotierten Geldmarktfonds zu erwerben.
Würden Sie einen Geldmarktfonds in Fremdwährung in Ihrem Depot einkaufen wollen, müssen Sie und Ihr Berater sich genau Gedanken um die Entwicklung der Inländischen Zinsentwicklung und die Sicherheit der Währung machen.

Fazit:
Geldmarktfonds eigenen sich in einigen Fällen, um kurzfristig Geld zu parken, oder als Spekulationsinstrument auf die Aufwertung einer Fremdwährung. Für den mittelfristigen Kapitalaufbau sind Geldmarktfonds vollkommen ungeeignet.

Abbildung 15: Währungen / Devisen

8.3.2 Rentenfonds

Zuerst ist zu sagen, dass ein Rentenfonds nichts, aber auch gar nichts mit Ihrer Rente zu tun hat. Diese Namensgebung führt leider häufig zu Irrtümern, ich glaube nicht zuletzt deswegen erfreuen sich Rentenfonds gerade bei älteren Menschen hoher Beliebtheit. Als Renten bezeichnet man festverzinsliche Wertpapiere und Anleihen.
Im Grunde sollten Sie für sich das Bewusstsein schaffen, durch einen Anleihefonds Ihr Geld in Schulden zu investieren.
Der Fondsmanager erwirbt für den Fonds Anleihen von Unternehmen und/oder Staaten zu einem jeweiligen Kurs. Je nach Laufzeit der Anleihe wird hierfür ein jährlicher Zins fällig, welcher dem Fondsvermögen zugeführt wird. Eine Anleihe hat aber nicht nur einen Zins, sondern auch einen Kurs!
Die Kursentwicklung einer Anleihe ist extrem abhängig vom allgemeinen Zinsumfeld. In Zeiten fallender Marktzinsen partizipieren Sie überdurchschnittlich, da im allgemeinen Anleihenkurse in dieser Zeit steigen. In Zeiten steigender Zinsen werden Sie unterdurchschnittlich partizipieren oder gar eine Negativrendite erwirtschaften, da Anleihenkurse im Allgemeinen negativ auf steigende Zinsen reagieren.

Ich möchte Ihnen dies einfach erklären:
Stellen Sie sich bitte kurz vor, Sie wären ein Kreditgeber. Der aktuelle Bankzins läge bei 3%. Weil es für das Unternehmen einfacher ist, sich bei Ihnen privat Geld zu leihen, geht es nicht zur Bank, sondern zu Ihnen und verspricht Ihnen dafür einen Zins von 3,5%. Als Gegenwert bekommen Sie nun Anleihen zugeteilt welche derzeit einen Kurs von 100% haben und eben diesen jährliche Zinszahlung. Sie haben die Möglichkeit diesen Kredit zu jeder Zeit für einen gewissen Kurs an Ihren Nachbarn zu verkaufen dann erhält dieser die 3,5% Zinsen. Nun passiert folgendes:

Der Marktzins steigt von 3% auf 4% und das Unternehmen benötigt erneut Geld für Investitionen. Da es wieder einfacher ist, sich am Kapitalmarkt Geld zu beschaffen als bei der Bank, legt das Unternehmen eine neue Anleihe auf. Für diese neue Anleihe ist der Unternehmer nun bereit, 4,5% Zins zu bezahlen.
Welche Anleihe würden Sie nun lieber besitzen?
Es handelt sich immer noch um das gleiche Unternehmen, es bietet Ihnen die gleichen Sicherheiten wie zuvor. Hätten Sie lieber die alte Anleihe, welche einen Zins von 3,5% bezahlt, oder die neue, welche Ihnen einen Zinsertrag von 4,5% p.a. einbringt.
Natürlich die neue! Sie werden zusehen, dass Sie die alte Anleihe verkaufen können, um für Ihr Geld die Neue zu bekommen. Genau wie Sie denken auch alle anderen Anleger, weswegen das Interesse an der älteren Anleihe sinkt.
Kurse werden von Angebot und Nachfrage bestimmt. Nun haben wir ein hohes Angebot, da jeder die alte Anleihe gegen die neue tauschen möchte und eine geringe Nachfrage da sich Neueinsteiger auch für den höheren Zins entscheiden. Der Kurs der alten Anleihe fällt.

Ähnlich verhält es sich natürlich auch mit den Anleihen in Publikumsfonds. Prinzipiell ist pauschal zu sagen:
Bei fallenden Zinsen profitieren Rentenfonds durch höhere Anleihenkurse, gerade wenn lange Laufzeiten eingekauft wurden. Bei steigenden Zinsen leiden Rentenfonds unter dem Kursverlust der Anleihen. Handelt es sich um einen Fonds, welcher Anleihen ausländischer Unternehmen beinhaltet, müssen Sie hierbei eventuelle Währungsschwankungen berücksichtigen, welche Ihre Rendite steigern oder schmälern können.

Fazit:
Ein Rentenfonds kann aufgrund der geringeren Schwankungsbreite eine gute Beimischung in Ihrem Anlagedepot sein. Er

kann in stürmischen Aktienzeiten Ruhe in Ihr Depot bringen. Als alleinige Position ist auch ein Rentenfonds nicht empfehlenswert. Gerade in einer Zeit, in welcher die Zinssituation auf einem Tiefpunkt verharrt, kaufen Sie vermutlich mehr Risiko als Chance.
Behalten Sie (oder Ihr unabhängiger Berater) dringend den Zinsmarkt und die Wechselkursrisiken im Auge.

8.3.3 Immobilienfonds

Eine absolute Sonderstellung im Bereich des unendlichen Fondsuniversums haben offene Immobilienfonds.
Im Grundsatz hört sich das Anlagekonzept sehr plausibel und einfach nachvollziehbar an.
Die Anleger stellen ihr Kapital dem Fonds zur Verfügung, dort erwirbt der Fondsmanager sorgfältig ausgewählte Immobilien um diese entweder zu vermieten oder/und diese zu einem späteren Zeitpunkt zu einem besseren Preis zu verkaufen.
Sicher gibt es viele Für und Wider zum Thema Immobilienfonds, ich persönlich war noch nie, ich werde es vermutlich auch nie werden, ein Fan von Immobilienanlagen.
Die Begründung hierfür ist relativ einfach und nachvollziehbar.

Grundsätzlich gibt es für Immobilien, ganz im Gegensatz zu Anleihen, Aktien und Rohstoffen, keinen geregelten Markt. Die Gelder, welche Fonds verwalten, stammen nicht immer vom Privatkunden, welcher 20.000,-€ in einem Fonds anlegt, sondern auch vermehrt von Großkunden, welche durchaus Millionenbeträge in solche Fonds investieren.
Da Sie eine Immobilie nicht einfach börsentäglich verkaufen können, wird es für manche Fonds zum Problem, wenn viele Kleinanleger oder ein Großkunde sein Kapital zurückfordert. Aus diesem Grund ist jeder Immobilienfonds in Deutschland

verpflichtet, mindestens 5% seines Volumens als Liquiditätsreserve zu halten. Wird diese 5% Marke unterschritten muss der Fonds zeitweilig schließen (Aussetzrisiko).
Das bedeutet, kein Anleger bekommt während der Zeit der Schließung Geld aus dem Topf. In diesem Fall müssen Sie sich gedulden, bis der der Fonds wieder öffnet oder noch schlimmer, bis er abgewickelt wird. Versetzen wir uns in die Situation eines Fondsmanagers und stellen uns folgendes vor:
Sie selbst würden einen kleinen Fonds verwalten. Sagen wir Ihr Volumen wäre 100 Millionen €, welche eifrige Vermittler für Sie eingesammelt haben.
Die Reserve von 5% müssen Sie Cash halten und die restlichen 95 Millionen € investieren Sie in erstklassige Gewerbeimmobilien. Mit diesen erzielen Sie sogar Ihren geplanten Mietertrag wodurch der Kurs Ihres Fonds steigt. Nach drei Jahren kommen zwei Ihrer Großinvestoren auf Sie zu und verlangen von Ihnen die Auszahlung der getätigten Investition, insgesamt 20 Millionen, da die Investoren das Kapital nun im eigenen Unternehmen benötigen.
Weil Sie ein guter Geschäftsmann sind, haben Sie die Mittelzuflüsse der letzten Jahre nicht komplett in neue Immobilien angelegt, deswegen beträgt Ihre Liquidität derzeit 10 Mio. Dieses hilft Ihnen allerdings relativ wenig, weil Sie Ihrer Großinvestoren 20 Millionen auszahlen müssen. Die fehlende Summe können Sie sich nun auf zweierlei Arten beschaffen.

- Sie beleihen die Immobilien und zahlen Zinsen, dies wirkt sich in Zukunft unweigerlich auf die Rendite Ihres Fonds aus.

- Sie verkaufen einige der Immobilien und verringern somit die Mieteinnahmen des Fonds

Beide Möglichkeiten sind als schwierig zu bewerten. Aus diesem Grund hat der Gesetzgeber im Jahr 2013 neue Regeln für offene Immobilienfonds eingeführt. Für Kunden, welche ihre Anteile ab dem 22.06.2013 erworben haben, gilt eine Mindesthaltedauer von 24 Monaten sowie eine Kündigungsfrist von 12 Monaten.
Dieser Umstand nimmt dem Investmentfonds einen der wichtigsten Vorteile – die Flexibilität!
Im Jahr 2008 kamen bedingt durch Mittelabflüsse einige große Immobilienfonds unter die Räder und wurden im Laufe der folgenden Jahre zwangsabgewickelt. Eine Zwangsabwicklung ist dann wohl die dümmste Situation für den Anleger, er kommt in diesem Moment gar nicht mehr an sein Kapital und muss abwarten, bis der Fonds seine Immobilien veräußert hat. Der Verkaufserlös wird dann im Zuge der Abwicklung unter allen noch bestehenden Investoren aufgeteilt. Nicht wenige Anleger erhielten gerade 60% ihrer Investitionssumme zurück.

Fazit:
Wer die Finger gar nicht von offenen Immobilienfonds lassen möchte, dem empfehle ich diese maximal als Beimischung von höchstens 10% im Anlagedepot. Die verbleibenden 90% sollten in liquideren Anlagen investiert sein.

8.3.4 Aktienfonds

Vorsicht vor Aktienfonds! Dies ist die typische Meinung welche unser durchschnittlicher deutscher Bürger vertritt. Wenn überhaupt, dann greift der deutsche Sparer zu einem Aktienfonds, der dann wenigstens in Deutschland investiert, und bestückt diesen mit maximal 10% seines Gesamtkapitals.
Diese Denkweise kostet unseren Sparer Jahr für Jahr Milliarden von Euro, welche ihm an Rendite entgeht. Dabei ist das Konzept

des Aktienfonds genauso alt wie erfolgreich! Absolutes Unverständnis habe ich für Berater, egal, ob Bankberater, Versicherungsberater oder Menschen, die sich als freie Makler bezeichnen, welche den Kunden auch noch in dieser Meinung bestärken und somit die Angst vor Aktienanlagen verstärken. Wenn man mit solch einem „Garantiereiter“ am Tisch des Kunden sitzt, stellt man leider sehr häufig fest, dass seine ablehnende Haltung gegenüber Aktienfonds nur auf dem Fundament der Unwissenheit gegründet ist. Als Hauptgrund für die Angstmache wird natürlich die Schwankungsbreite der Aktienmärkte angeführt. Anstatt den sicher größeren Aufwand zu betreiben, dem Kunden die Schwankung der Aktienmärkte, und die damit verbundenen Vorteile, zu erklären, wird der Kunde lieber dahingehend beraten, doch lieber ein „sicheres“ Garantieprodukt zu zeichnen. Die Schwankungsbreite wird dann häufig als unkalkulierbares Risiko dargestellt und Dividendenzahlungen spielen in der Argumentation ebenfalls keine Rolle mehr. Die Angst der Deutschen vor der Aktienanlage ist so groß, dass auf internationaler Insiderebene von „the german angst“ gesprochen wird. Je nach Börsenphase schwankt die Aktienquote in unserem, sonst so zukunftsorientiertem Land, gerade einmal zwischen 7 und 12 Prozent. Damit sind wir in Deutschland unter dem Niveau der meisten Industrieländer. Selbst Länder wie Polen, Italien und Frankreich haben hier ein besseres Sparverhalten als der „deutsche Michel“.

Wer trägt die Verantwortung dafür?

In all meinen Beratungen gelang es mir sicherlich, 90 Prozent aller Kunden von einer Anlage in Aktienfonds zu überzeugen. Dabei platziere ich auch in der heutigen Zeit eine durchschnittliche Aktienquote von ca. 80 Prozent je Kunde. Da ich nicht von der Situation ausgehe, „besondere“ Kunden zu haben, lässt dies nur einen Rückschluss zu:

Die allgemeine Beraterschaft in unserem Land ist nicht in der Lage, seinen Kunden die deutlichen Vorteile einer Aktienanlage näher zu bringen, oder hat selbst keine Ahnung davon.

Hier vertrete ich persönlich die Einstellung:

Wenn man keine Ahnung von einer Sache hat, sollte man Ratschläge tunlichst vermeiden. Auch ein aktives Abraten entspricht einer Empfehlung.

„Das Reden des Menschen sollte klüger sein als sein Schweigen."

Wie Sie mit Aktienanlagen und Aktienfondsanlage reich werden können?

Dies zeigt Ihnen das Leben der US-Amerikanerin Anne Schreiber.
Mrs. Schreiber war 1935 nur eine kleine Finanzangestellte im US Bundesstaat Tennessee. Sie verdiente in der damaligen Zeit gerade 3.150,- US Dollar pro Jahr. Mit viel Disziplin schaffte Sie es, sich im Laufe der Zeit die Summe von 5.000,- US Dollar zur Seite zu legen.
Anstatt das Geld festverzinslich und garantiert anzulegen, entschied sie sich für eine Anlage in Aktien von Coca Cola. Da Mrs. Schreiber bereits damals das Prinzip der Risikostreuung bekannt war, investierte sie im Laufe der Jahre auch in andere Unternehmen wie beispielsweise Pepsi, Bristol-Myers und Schering. Auch in Krisenzeiten behielt die disziplinierte Dame ihre Gewohnheit bei und investierte alle Dividendenzahlungen wieder in neue Aktien. Als sie im Jahr 1995 verstarb, hatte sie ein Vermögen von 22 Millionen US-Dollar aufgebaut, welches jährliche Dividendenzahlungen von 750.000 Dollar erwirtschaf-

tete. Glauben Sie ernsthaft, Mrs Schreiber hätte sich von kurzfristigen Kursschwankungen aus der Ruhe bringen lassen?![23] (Börse.de)

Mister Pats großes Ding

Ein Provinz-Banker riet schon 1919 zum Kauf von Coca-Cola-Aktien – und machte so Quincy im US-Staat Florida zu einem Hort von Millionären.

Jeff Sullivan, 38, ist keiner, der mit seinem Schicksal hadert. „Mein Job macht mir Spaß", erklärt der Lkw-Fahrer aus Quincy in Florida vor seinem Coca-Cola-Truck. Nur wenn Sullivan vom Großonkel erzählt, schwingt die Ironie eines Enttäuschten in der Stimme: „Die ganze Familie lacht über ihn."

Der Großonkel wurde zum Gespött, weil er in den zwanziger Jahren das Angebot ausgeschlagen hatte, 40 Dollar in die Aktie einer ihm unbekannten Firma aus Atlanta zu investieren. „Das führt doch zu nichts", sagte der Großonkel zum Verkäufer des Papiers, dem Präsidenten der Quincy State Bank, Mark W. Munroe.

Andere ließen sich von „Mister Pat", wie Munroe von allen genannt wurde, beschwatzen: Sie kauften Aktien – und sorgten so dafür, dass für ihre Familien der amerikanische Traum des Aufstiegs zum Millionär wahr wurde. Denn die Firma hieß Coca-Cola, ist heute fast 150 Milliarden Dollar wert und beschäftigt außer Jeff Sullivan weltweit 28.600 Menschen.

Vorübergehend galt die Gemeinde mit heute 7796 Einwohnern als Ort mit dem höchsten Pro-Kopf-Vermögen der USA. Selbst jetzt, nachdem viele Aktien vererbt sind, leben in Quincy Dutzende Cola-Millionäre. 30 Kilometer westlich der Hauptstadt Tallahassee im Norden Floridas gelegen, ist Quincy zumindest auf den ersten Blick eine typische Kleinstadt im Süden der USA. Abseits des Highway 90, an dem sich Supermärkte und Fast-

23 Mrs. Schreiber

Food-Läden aufreihen, wirkt der Ort wie ein verträumter Landschaftspark: Zwischen Palmen, Pinien, Gummibäumen und mit Louisianamoos verhangenen Eichen leuchten prächtig-weiße Holzvillen, die sich Farmer im 19. Jahrhundert errichten ließen.
Dass ihre Bewohner keine rückständigen Bauern sind, bewiesen sie schon 1889. Damals gründete Munroe mit Geschäftsfreunden die erste konzessionierte Lokalbank Floridas. 1892, im Alter von 32 Jahren, wurde Munroe Bankpräsident – ein Posten, der zu Mister Pat optisch nicht so recht passen wollte: Dem Kautabak-Fan troff aus den Mundwinkeln häufig Tabaksaft. Berüchtigt war seine Vorliebe, Tabakreste aus großer Distanz in einen Spucknapf zu speien. Seinen Magensäure-Mangel pflegte Mister Pat durch Trinken von verdünnter Salzsäure auszugleichen.
Vielleicht waren es die Magenprobleme, die ihn zum Fan der süßen Limonade werden ließen. 1919 jedenfalls benötigte Mister Pats Geschäftsfreund Ernest Woodruff Kapital für die Expansion von Coca-Cola. Munroe bot an, es zu beschaffen. „Fünf Cent hat jeder für ein Getränk übrig, selbst in Krisenzeiten", erklärte Mister Pat Bankkunden, die sich unter einem „Softdrink" nichts vorstellen konnten. Coca-Cola-Aktien waren ungefähr so exotisch, wie es heute ein Investment in Gartenzwerge wäre.
Doch „The Real Thing" (Coke-Werbespruch) entwickelte sich zu Mister Pats großem Ding. Die Fortschritte der bekanntesten Firma der Welt, die 1998 jeden zweiten Softdrink auf dem Globus verkaufte, spiegelt eine Schauvitrine in der Quincy State Bank wider: Flaschentypen und Werbenippes aus 80 Jahren Coca-Cola können Bankkunden darin bestaunen. Ein Wandteppich mit dem Schnörkelschriftzug liegt über einem Sessel. Beim Chef der Anlage-Abteilung, Richard E. Bass, 54, flimmert ein „Enjoy Coca-Cola"-Bildschirmschoner über den PC-Monitor.
90 Kunden, so Bass, halten heute allein bei seiner Bank 3,24 Millionen Coke-Aktien im Wert von über 370 Millionen Dollar – im Schnitt 4,1 Millionen pro Depot. „Die haben alle Mister Pats

Lektion gelernt: Kaufe die Aktie und lasse sie liegen." Heute allerdings wäre Mister Pats Treiben eher ein Fall für den Staatsanwalt. Munroe schlug Aktien nicht nur an Betuchte los. Auch Pflanzer, die Kredit haben wollten, verließen die Bank oft erst, nachdem sie Cola-Papiere gezeichnet hatten. „Ich gebe dir 2000 Dollar Kredit für das Saatgut und 2000 extra für Aktien", lautete die übliche Offerte.
Doch schon 1927 wurde Mister Pat zur Legende. Die Brause-Firma belohnte ihre Investoren mit einer 100-Prozent-Rendite. Heute sind aus einem 40-Dollar-Papier von 1919 durch Splits 4608 Aktien für fast 300.000 Dollar geworden. Aktionäre, die zudem alle Dividenden reinvestierten, haben aus den 40 Dollar gar ein Vermögen von 6.674.302 Dollar gemacht. [24]

Zwei, wie ich finde, beeindruckende Storys, aus welchen Sie erkennen sollten, langfristig ist die Aktienanlage mit nichts zu schlagen, da Sie direkt am Wachstum der Unternehmen beteiligt sind. Natürlich müssen Sie in der heutigen Zeit nicht mehr das Risiko einer Anlage in einzelne Aktien eingehen. Risikominimierung durch Streuung ist hier die Devise. Genau diese Streuung gibt Ihnen ein Aktienfonds, der Fondsmanager analysiert sorgfältig jedes Unternehmen, in welches investiert werden soll. Ein guter Manager wird sich auch nur dann für den Kauf von Unternehmensanteilen entscheiden, wenn das Unternehmen gesund ist und er die Aktien zu einem guten Preis erwerben kann. Die sorgfältige und ständige Überwachung sowie die dauerhafte Auswertung aller Zahlen, der Unternehmen, in welche der Fonds investiert hat, gehört ebenso zu den wichtigen Aufgaben eines guten Managementteams,, wie auch der persönliche Kontakt zur direkten Unternehmensführung. Das Management und die Analysten der Kapitalanlagegesellschaften bekommen somit wichtige Unternehmensdaten schneller

---

[24] Spiegel.de

und zuverlässiger mitgeteilt als der Privatanleger, zumal dieser mit der unglaublichen Datenflut kaum etwas anfangen könnte, um am Ende sinnvolle Schlüsse daraus zu ziehen.
Wie leistungsstark manch ein Aktienfonds tatsächlich ist, möchte ich Ihnen in den folgenden Rückberechnungen beispielhaft veranschaulichen. Bei den folgenden Berechnungen habe ich der Einfachheit halber die Entwicklung einiger Fonds innerhalb der letzten 20 Jahre zugrunde gelegt. Es handelt sich also weder um einen besonders guten noch um einen besonders schlechten Zeitraum.
Dennoch werden Sie bemerken, wenn Sie diesen Zeitraum genauer betrachten, dass auch in den letzten 20 Jahren nicht alles rund lief.

Krisen der letzten 20 Jahre:

1997 Beginn der Asienkriese
2000 Dotcom-Blase platzt
2001 World Trade Center
2003 Beginn des Irakkrieges
2007 Subprime-Krise, weltweite Finanzkrise
2011 Atomkatastrophe in Japan
2012 Beginn der Eurokrise

Trotz all dieser Turbulenzen hätten Sie in den folgenden Anlagen die nun aufgezeigten Ergebnisse erzielen können, vorausgesetzt, es hätte Ihnen jemand davon erzählt, dass es diese Anlagen gibt.

Beispiel Threadneedle European Select ISIN: GB0002771169
Stand 02.06.2016:
Nehmen wir an, Sie hätten sich vor 20 Jahren im Monat 05.1996 zu einer Einmalanlage von 10.000,- € in diesen relativ bekannten europäischen Aktienfonds entschlossen. Ihr Vermö-

gen hätte sich exakt 20 Jahre später mehr als versechsfacht. Ihr Depotstand im Monat 05.2016 wäre nach Abzug aller Fondskosten rund 63.600,- € gewesen.

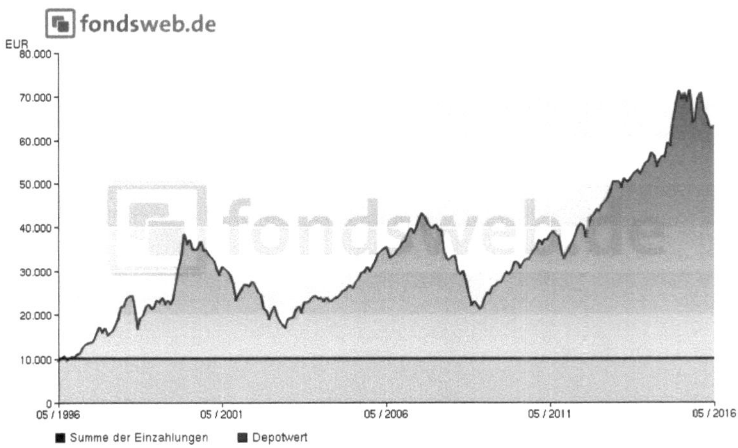

Abbildung 16: Fondsperformance Einmalanlage

Quelle www.fondsweb.de

Natürlich hat nicht jeder Kunde 10.000,-€, welche er einmalig in ein solches Produkt investieren kann. Auch mit kleineren Beträgen, genügend Zeit und etwas Geduld hätten Sie in diesem Fonds im selben Zeitraum ein kleines Vermögen aufgebaut.
Hätten Sie im selben Zeitraum 100,-€ monatlich in diesen Fonds investiert wäre Ihr Depotstand 20 Jahre später (05.2016) ca. 53.000,- € gewesen.

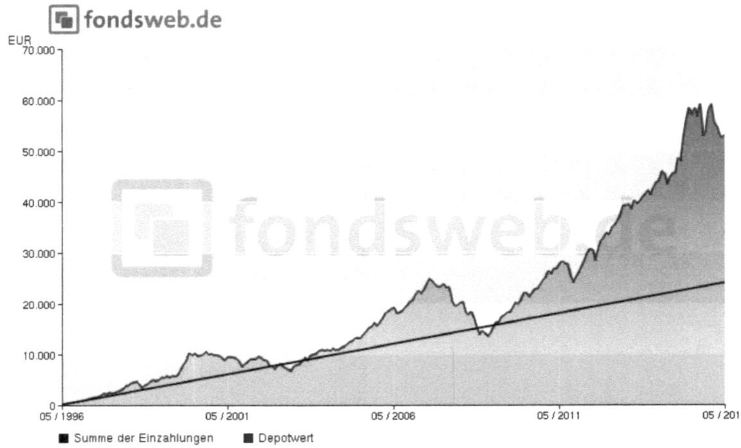

Abbildung 17: Fondsperformance Sparplan

Quelle www.fondsweb.de

Hinweis:
Ergebnisse der Vergangenheit geben keine Garantie für zukünftige Ergebnisse, da diese insbesondere von der Entwicklung der Aktienmärkte abhängig sind. Die dargestellten Berechnungen sind eine reine Veranschaulichung der Vergangenheit und ersetzen keine fachlich aufgebaute Anlageberatung. Sollten Sie durch diese Ergebnisse den Wunsch verspüren, in ein gleiches oder ähnliches Produkt investieren zu wollen, empfehle ich Ihnen dringend vorher einen Termin mit einem unabhängigen Berater zu vereinbaren.
Fazit: Aktienfonds unterliegen Schwankungen und eigenen sich daher nur für den langfristigen Anlagehorizont. Gerade diese Schwankungen verschaffen Ihnen bei monatlichen Sparvarianten einen Vorteil, da Sie bei fallenden Kursen automatisch zu einem günstigeren Preis nachkaufen.
Im letzten Jahrhundert war die Aktienfondsanlage eine der besten Entscheidungen, welche Sie treffen konnten, und das

wird nach meiner Auffassung auch in der Zukunft so bleiben. Ohne eine ordentliche Beimischung von Aktienfonds werden Sie weder in naher noch in ferner Zukunft eine Chance haben, Vermögen aufzubauen.
In Ihren langfristigen Anlagen sollten Sie daher einen Aktienanteil von mindestens 70% nicht unterschreiten.
Haben Sie den Mut und lernen Sie mit Schwankungen umzugehen, sonst werden Sie vermutlich ewig inflationsbereinigte Verluste einfahren

Abbildung 18: Aktienfondsanleger

8.3.5 ETFs – Indexfonds

Indexfonds sind entgegen vieler Meinung keineswegs eine neue Klasse der Anlageinstrumente. Der erste offizielle Indexfonds wurde bereits Mitte der 70er Jahre aufgelegt und bildete damals den S&P 500 (breit gestreuter amerikanischer Aktienindex der größten 500 Unternehmen) ab. In der heutigen Zeit erhalten Sie Indexfonds von nahezu allen wichtigen Indices der Welt.

Der Exchange Traded Fund wird genau wie alle anderen offenen Investmentfonds als Sondervermögen verwahrt und ist somit von der Insolvenz einer Gesellschaft nicht betroffen. Der wesentliche Unterschied liegt darin, dass ein ETF nur passiv gemanagt wird und in der Regel einen Index nachbildet.
Da es nur die besten Fondsmanager schaffen, langfristig Ihren Index zu schlagen, stellt der ETF eine durchaus kostengünstige Alternative zum herkömmlichen Investmentfonds dar.
Allerdings sollten Sie sich vor dem Einsatz von ETF im Klaren sein, dass Sie keinen Manager mehr haben, welcher die schlechteren Unternehmen für Sie filtert.
Sicherlich hätte es in den vergangen 30 Jahren auch zu hervorragenden Anlageergebnissen geführt, einen ETF auf den Dow Jones zu besitzen, während ein gutes Fondsmanagement allerdings dieses Anlageergebnis deutlich verbessert hätte.

Die größte Schwierigkeit dürfte der Privatanleger damit haben, die Marktrisiken richtig einzuschätzen und daraus die richtigen Anlageentscheidungen abzuleiten. Als wesentlichen Punkt sollten Sie beachten, dass von extremer Wichtigkeit ist, in welcher Zeit Sie in welchen Markt investiert sind und wie diversifiziert Ihr Depot aufgestellt ist.

Die größte Gefahr sind Sie selbst

Durch die geringen Kosten werden Indexfonds, gerade in den letzten Jahren, gerne als optimales Anlageprodukt empfohlen. Das Argument vieler Zeitschriften, man könne sich mit diesem Produkt sein Depot sehr einfach selbst zusammenstellen, widerlegt eine Studie aus dem Jahr 2015 (Quelle: IPANEMA Capital)
Dieser Studie zufolge hatten Privatanleger, welche ETFs in Ihrem Depots hielten, im Durchschnitt eine um 2,1% schlechtere Performance p.a. als ohne ETF. Die Studie aus 7000 Depots

ergab, dass dieses schlechtere Anlageergebnisse nicht etwa auf die Produkte, sondern auf das Anlageverhalten der Kunden zurückzuführen waren.

Das Resultat zeigt uns ganz deutlich, unsere „Geiz ist Geil – Do it-yourself Mentalität" funktioniert bei den meisten Privatanlegern nicht.

Natürlich benötigen Sie gute Produkte, um Ihr Vermögen gewinnbringend arbeiten zu lassen, allerdings benötigen Sie zum richtigen Produkt auch das richtige Anlageverhalten und einen guten Rat zum richtigen Zeitpunkt. Oder kämen Sie jemals auf die Idee, sich selbst am offenen Herzen zu operieren, nur weil das kostengünstiger ist als in einer Fachklinik?!

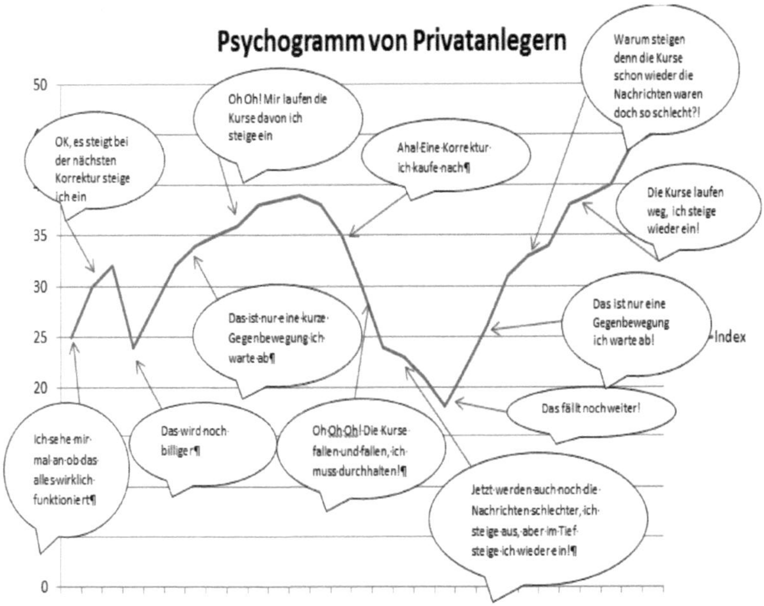

Abbildung 19: Psychogramm

Vollkommen egal, wie sorgfältig Sie im Vorfeld Ihre persönlichen Anlagen ausgewählt haben, ohne die nötige Disziplin werden Sie weder im Aktienfonds noch im Indexfonds herausragende Ergebnisse erzielen. Hierfür sollten Sie sich einen charakterstarken Berater auswählen, der Sie in Krisenzeiten vor falschen Entscheidungen schützt.

Fazit
Der ETF sollte in keinem Fall als Ersatz für einen gut gemanagten Fonds gesehen werden, sondern vielmehr als zusätzlicher Baustein.
Eine Beimischung von ETFs kann in verschiedenen Bereichen durchaus als sinnvoll erachtet werden. Insbesondere ist dies interessant, wenn es sich um Bereiche handelt, welche in gemanagten Fonds aufgrund ihrer Sonderstellung schlecht darstellbar sind (Bsp. Rohstoffe).
Vom Versuch, ein ETF-Depot selbst zu managen, ist dringend abzuraten, denn, wie ich bereits erwähnt habe:

„Die meisten Anleger kommen zu spät, gehen zu früh, und machen in der Zwischenzeit auch noch vieles falsch“

Sollten Sie tatsächlich genügend Zeit und Wissen für Marktanalysen aufbringen, werden Ihre Emotionen dafür sorgen, dass Sie im richtigen Moment falsch handeln

WICHTIG!
Verwechseln Sie bitte nicht Indexfonds mit Indexzertifikaten.
Ähnlich wie Indexfonds bilden auch Indexzertifikate einen Index 1 zu 1 ab, allerdings unterliegen diese einem Emittentenrisiko. Das bedeutet im schlechtesten Fall für Sie: Totalverlust bei Insolvenz des Emittenten.

Alleine im Jahr 2008 verloren, bei der Pleite von Lehman Brothers, tausende Anleger Ihre Ersparnisse in Anlagezertifikaten da diese kein Sondervermögen darstellen.

8.3.6 Mischfonds – Multi Asset Fonds

Wenn man sich selbst als bekennender Aktienfondsfan einstuft, wird man dem Thema Mischfonds vermutlich anfangs skeptisch gegenüberstehen. Gerade wenn wir in den vergangenen Kapiteln sehr deutlich veranschaulicht haben, dass die Weltweiten Aktienmärkte langfristig steigen.
Allerdings sollten wir uns genau bei dieser Betrachtung vor Augen halten, das es gerade in reinen Aktienfonds (oder ETF) zeitweise zu deutlichen „Rücksetzern" kommt.
So waren während der Finanzkrise 2008, Kursrückgänge von bis zu 45% in Aktienfonds zwar vollkommen normal, aber durchaus eine Belastung für die Nerven manch eines Anlegers. Mischfonds geben Versprechen, genau diese Verlustschwellen deutlich zu senken. So konnten sich viele Besitzer von Mischfonds gerade in dieser Zeit über ein deutlich stabileres Anlageergebnis freuen.

Bei Mischfonds handelt es sich um Produkte, welche dem Fondsmanager ein deutlich größeres Anlageuniversum zur Verfügung stellen. Das Management eines Mischfonds könnte beispielsweise gleichzeitig in Aktien, Rentenpapiere, Rohstoffe, Edelmetalle oder Immobiliensondervermögen investieren.
Dieses schier unendliche Anlageuniversum fordert von einem Multi Asset Manager meiner Meinung nach deutlich mehr Marktüberblick als von einem Manager der auf eine einzelne Anlageklasse begrenzt ist.
Viele der Manager, welche ich in der Vergangenheit kennenlernen durfte, hatten keineswegs das Ziel, die höchste Marktrendite abzuschöpfen. Vielmehr sehen diese Manager

ihre Aufgabe eher darin, die Schwankungsbreite zu begrenzen und hierbei eine angemessene Rendite zu erzielen.
Hierfür haben sich die Kapitalanlagegesellschaften die unterschiedlichsten Anlagephilosophien einfallen lassen, um für die verschiedensten Charaktere der Anleger eine möglichst breite Auswahl zu bieten.
So werden Sie Mischfonds mit hohen Aktienanteilen genauso häufig finden wie Mischfonds mit geringen Aktienanteilen. Sie werden Mischfonds finden, welche von der Rendite und der Schwankungsbreite eher einem Rentenfonds gleichen. Genauso werden Sie auch Konstrukte finden, welche von Rendite und Schwankungsbreite eher dem Aktienfonds ähneln.
Einige mutige Kapitalanlagegesellschaften haben sich das hohe Ziel gesetzt, eine aktienähnliche Rendite bei einer rentenähnlichen Schwankungsbreite zu erwirtschaften. Nach meiner Meinung ist dies ein sehr, sehr ehrgeiziges Ziel, welches nur die absolute Weltspitze der Manager auch tatsächlich erreicht.
Derzeit finden Sie in Deutschland ca. eine Anzahl von 2.000 verschiedenen Mischfonds inclusive Multi Asset Konstrukten. Diese verwalten gemeinsam ein Kapital von derzeit ca. 210 Mrd. Euro bei Mittelzuflüssen von derzeit ca. 38 Mrd. Euro (Stand 2015). Nur für Ihre Vorstellungskraft, das Gesamtvolumen entspricht in etwa 10% des Bruttoinlandsproduktes der Bundesrepublik.

Wie sich vermuten lässt, zählt nicht jeder dieser Manager zur absoluten Weltspitze. Dennoch beweisen einige der Topmanager seit Jahren, genau in solch volatilen Zeiten, dass ihre Strategie aufgeht.

Beispiel:
Sie hätten im Monat 11/2007 (vor der Finanzkrise), in einen namhaften Spitzenfonds eines deutschen Anbieters, die Summe von 10.000,-€ als Einmalanlage investiert.

Ihr Anlageergebnis wäre nach Abzug aller Kosten, Stand 08/2016

21.781,-€.

Dies entspricht einer Rendite von 9,41% p.a. nach Kosten, nach Finanzkrise, nach (während) Eurokrise, mitten im Brexit ...

Bemerkenswert: Trotz dieser ansehnlichen Rendite musste der Anleger im Tief der Finanzkrise kurzeitige Kursverluste von nur ca. 20% akzeptieren.

An dieser Stelle eine ganz ehrlich gemeinte Frage:
„Haben Sie Ihr Geld seit dem Jahr 2007, egal, wo dieses liegt, auch verdoppelt?!"

Fazit
Aufgrund der deutlich geringeren Verlustschwelle eignen sich gut ausgewählte Mischfonds – Multi Asset Fonds – gerade im mittel,- bis langfristigen Bereich hervorragend als Basisinvestment für Ihr Depot.
Sprechen Sie mit Ihrem Berater über die verschiedenen Möglichkeiten und wägen Sie exakt ab, welche Schwankungsbreite Sie bereit sind, zu akzeptieren, um ein langfristig konstantes Ergebnis zu erzielen.

8.3.7 Dachfonds

Ganz ähnlich wie beim eben behandelten Thema Mischfonds bzw. Multi Asset Fonds haben auch die Manager von Dachfonds die Möglichkeit, gleichzeitig in verschiedenen Anlageklassen investiert zu sein. Hierbei wählt das Management allerdings keine Einzeltitel, sondern überlässt die Arbeit der Titelauswahl den Managern der jeweiligen „Zielfonds".

Als Zielfonds kommt prinzipiell jeder in Deutschland zugelassene Investmentfonds infrage, allerdings hat das Management des Dachfonds hierbei einige Regeln zu beachten. Als erstes darf die Gewichtung eines Einzelfonds die 20%-Schwelle innerhalb des Dachfonds nicht übersteigen. Auch eine Streuung der im Fonds enthaltenen Kapitalanlagegesellschaften ist gesetzlich vorgeschrieben.
In der Theorie mischt ein Dachfonds die Fähigkeiten von mehreren Topmanagern und vereinigt diese unter einem Dach. Aber VORSICHT, auch das Management des Dachfonds spielt hierbei eine entscheidende Rolle. Ist der Dachfondsmanager zur falschen Zeit in den falschen Einzelfonds, falschen Markt investiert oder tauscht gar den „richtigen" Fonds zur falschen Zeit, wird sich dies unmittelbar auf die Rendite Ihrer Geldanlage auswirken.

Ein echtes Hoch erlebten Dachfondsgesellschaften im Jahr 2008 durch die Einführung der Abgeltungssteuer im darauffolgenden Jahr. Bis zum 31.12.2008 waren Kursgewinne von Investmentfondsanlagen, welche länger als ein Jahr im Depot gehalten wurden, steuerfrei.
Im aktiven Depotmanagement war dies sehr praktisch weil ein Anleger, nach Erreichen der Steuerfrist, problemlos, ohne steuerliche Verluste in Kauf nehmen zu müssen, Kapital von Fonds A in Fonds B umschichten konnte.
Seit dem 01.01.2009 besteht eine Steuerpflicht auf die Kursgewinne jener Anteile, welche verkauft werden müssen, um die Liquidität zu schaffen, welche Sie in ein anderes Investment zurückinvestieren möchten. Diese Steuerpflicht besteht auch, wenn dieser Vorgang innerhalb des gleichen Depots stattfindet, ausgenommen sind hierbei ausschließlich Fondsgebundene Rentenversicherungen mit Laufzeit und Dachfonds.

Gerade der Umstand der steuerlichen Begünstigung wird gerne als Verkaufsargument für Dachfonds verwendet. Sie sollten steuerliche Aspekte zwar generell bei jeder Anlageentscheidung in Ihre Waagschale werfen, allerdings sollten Sie niemals alleine aufgrund der steuerlich günstigeren Situation eine Entscheidung treffen. Schluss und endlich hilft es Ihnen ja nichts wenn Sie Steuern auf Gewinne sparen, die Sie gar nicht haben.

Durch die Einführung der Abgeltungssteuer im Jahr 2009 kamen viele der kleineren Beratungsunternehmen in Deutschland auf den grundsätzlich guten Gedanken, die Beratung ihrer Kunden nun über „hauseigene Dachfonds" abzuwickeln. Gerade bei diesen relativ kleinen Dachfonds, welche zudem häufig von „Freizeitmanagern" neben der normalen Vertriebstätigkeit gemanagt werden, sollten Sie nach meiner Erfahrung besonders auf die internen Kosten achten.
Es ist sicher kein Schaden, den Jahresbericht solcher Fonds ein wenig genauer unter die Lupe zu nehmen, um die internen Kosten genau zu durchschauen.

Abschließend:
Der Investmentfonds ist grundlegend eine der optimalen Anlagelösungen für den mittel- und langfristigen Bereich. Nicht jeder Fonds ist qualitativ und kostentechnisch hochwertig und geeignet. Auch passt nicht jeder Fonds zum Anlageprofil und den Anlagezielen jedes Kunden. Aus diesem Grund empfehle ich Ihnen nochmals, Ihre Auswahl mit einem unabhängigen Berater bis in die Tiefe zu besprechen.

9 Umsetzung, haben Sie Mut zur Veränderung!

„Die reinste Form des Wahsinns ist es, alles beim Alten zu lassen und gleichzeitig zu hoffen, dass sich etwas verändert“[25]

[25] Albert Einstein

9.1 Veränderungen benötigen Mut

Als Außenstehender fehlte mir gerade in den ersten Jahren meiner Tätigkeit als Investmentberater häufig das Verständnis, wenn ich auf Menschen traf, welche offensichtlich genügend Wissen über Geld besaßen, aber dennoch nicht in der Lage waren, dieses Wissen konsequent auf all ihre Geldanlagen anzuwenden.
Auf die Frage, welche ich den Betroffenen gerne stellte, „aber Sie wissen, dass die Versicherung xy ‚der Bausparvertrag xy keine optimale Lösung für Ihren Ruhestand ist?“, bekam ich gerne Antworten wie zum Beispiel: „Ja aber wir haben den Vertrag doch schon so lange ...“ oder „Ja, wir wissen, dass dieses Ergebnis nicht optimal ist, aber wir lassen den Vertrag dennoch bestehen.“

Zwischenzeitlich betrachte ich solche oder ähnliche Antworten als völlig normal. Es liegt in unserer menschlichen Natur, uns schwer von unseren alten Gewohnheiten zu trennen und konsequent Neuland zu betreten. Hatten Sie in Ihrem Leben je das Vergnügen, mit einem Hund Stöckchen zu werfen? Wie verhält sich in der Regel unser liebes Haustier? Sie werfen das Stöckchen, der Hund holt es und bringt es Ihnen artig zurück, aber er lässt es nicht los! Er beißt sich am Stöckchen fest, bis Sie es ihm mit hohem Kraftaufwand entreißen.
Geht es uns Menschen nicht gelegentlich ähnlich? Wir verbeißen uns in unserem Stöckchen, bis jemand von außen kommt und es uns wegnimmt.
Meistens wissen wir sehr gut, dass uns in vielen Bereichen ein „Reset“ gut tun würde.
Hier fällt mir spontan die Geschichte einer Kundin ein, welche über Jahre hinweg von ihrem Mann geschlagen wurde. In vielen Gesprächen schilderte mir diese das Übel, welches Ihr zur damaligen Zeit widerfuhr. Fast täglich kam ihr Mann betrunken

von der Arbeit und ließ seiner Lust an der Prügelei freien Lauf. Dies ging so weit, dass ihr damals dreijähriger Sohn bereits eine halbe Stunde vor Erscheinen des Vaters weinend in seinem Zimmer verschwand, um nicht mit ansehen zu müssen, wie dieser Unmensch erneut die Mutter verprügelte. Neben einigen blauen Augen und aufgeplatzten Lippen standen nach einigen Jahren auf der ellenlangen Verletzungsliste auch Dinge wie zwei ausgeschlagene Zähne und eine gebrochene Rippe. Ich glaube, kein Mensch, welcher sich noch nicht in einer ähnlichen Situation befand, vermag zu beurteilen, wie hart ein solcher Leidensweg wirklich ist. Ich zumindest traue mir diese Einschätzung nicht zu.

Trotz der ständigen Schmerzen an Herz und Körper gelang es der jungen Dame nicht auf Anhieb, sich von diesem Unmenschen zu trennen. Nicht etwa die Liebe, sondern vielmehr die Angst vor einem Neustart hielt sie in Ihrer gewohnten Umgebung fest. Die Angst, als alleinerziehende Mutter nicht gut für Ihr Kind sorgen zu können, die Angst vor der Reaktion der Familie, die Angst, in der Öffentlichkeit als schwach dazustehen, und die Angst vor dem Verlust ihrer gewohnten Umgebung sorgten dafür, dass zwei Versuche, eine Trennung einzuleiten, bereits in der ersten Woche abgebrochen wurden.

Erst nach dem dritten Versuch und vielen, vielen Misshandlungen der schrecklichsten Art gelang ihr die endgültige Trennung und schließlich ein Neustart im Leben.

Ähnlich dramatisch erachte ich die Situation mancher Anleger, welche das Wissen tief in sich tragen, in der Vergangenheit eine falsche Entscheidung getroffen zu haben, aber nicht den Mut besitzen, diese rückgängig zu machen. Manch einer verharrt mit falschen Durchhalteparolen in seiner Situation, andere ignorieren diese einfach mit der Hoffnung: „Es wird schon besser werden."

9.2 Rituale und Erziehung

Vieles in unserem Leben ist auf Ritualen aufgebaut, das tägliche Tischgebet, das alljährliche Familientreffen, die vielen offiziellen Rituale wie Weihnachten, Ostern oder der Jahresurlaub im Süden.

Alles hat seine Ordnung schon deswegen, weil es schon immer so ist, oder wie würden Sie sich fühlen wenn Sie plötzlich, im nächsten Jahr, Weihnachten am 24.06 feiern sollten?

Wäre es das gleiche „Wohlfühlfest" wie jedes Jahr oder wäre es schon so, dass es von einem merkwürdigen Gefühl begleitet wäre, anstatt schwungvoller Sommermusik Helene Fischers Weihnachtsalbum bei 30 Grad in Ihrem Garten zu hören. Würden Sie die gleichen Speisen servieren oder käme es Ihnen erstmal merkwürdig vor, anstatt Bratwürsten die Weihnachtsgans auf Ihren Grill zu legen?

Aber wer legt denn fest dass man Weihnachtsgänse mit Blaukraut nur im Winter essen kann und wer legt fest, dass Sie nur im Winter Ihre Bäume mit bunten Kugeln verzieren können?

Richtig! Es ist Ihnen anerzogen und alle machen das so, und das schon immer! Deswegen muss es richtig sein!

Auch unser Sparverhalten ist häufig eine Sache, welche uns anerzogen wird, unsere Eltern und Großeltern waren bereits Besitzer eines Sparbuches, eines Bausparvertrages und/oder einer kapitalgedeckten Lebensversicherung.

Das Ritual der deutschen Banken, jedes Jahr zum Weltspartag bereits unsere kleinsten Mitbürger zum Sparen zu erziehen, ist zwar grundlegend ein guter Gedanke, aber die Umsetzung und deren Folgen sind denkbar schlecht. Lassen Sie uns in Ihre Kindheit zurückblicken, jedes Jahr an diesem besagten Tag nahmen Sie Ihre Ersparnisse und gingen ganz brav damit zur Hausbank Ihrer Eltern. Dort wurden Sie nett und freundlich mit Geschenken empfangen. Ihr Sparschwein wurde geöffnet, das enthaltene Geld wurde gezählt und anschließend wie selbstverständlich

auf ein Sparbuch eingezahlt. Man machte dort alles erdenkliche, um Ihnen ein möglichst hohes „Wohlgefühl" zu vermitteln. Mit diesem Ritual wuchsen in Deutschland Generationen von Kindern auf und nun wundern wir uns, warum sich unser „deutscher Michel" selbst bei Negativzinsen immer noch wohl mit seinem Sparbuch fühlt, welches er seit seinen Kindestagen besitzt.
Hätte man Ihnen bereits in der Schule beigebracht, dass Schwankungen bei Aktien ein vollkommen normaler Zustand sind, und hätte man Ihr Sparschwein zum Weltspartag in einen Aktienfonds investiert, dann würden Sie sich vermutlich unwohl fühlen, wenn Sie eine Geldanlage besäßen, welche sich nicht bewegt.
Ich möchte natürlich nicht, dass bei Ihnen nun ein falscher Eindruck entsteht. Natürlich ist es gut, Kinder zum Sparen zu ermutigen, aber wenn schon, dann bitte auch richtig!

9.3 Verlassen Sie Ihre Komfortzone

Um unsere Gefühle in neuen Situationen besser begreifen zu können, müssen wir beginnen, die Funktion unseres Gehirns und den direkten Zusammenhang mit unseren Emotionen zu verstehen.

Viele Menschen wissen sehr wohl, dass es besser für sie wäre, mehr Sport zu treiben, das Rauchen aufzuhören, gesünder zu essen oder ihr sinnloses Konsumverhalten zu beenden.
Warum fällt es uns so schwer, Dinge zu lassen, von welchen wir wissen, dass sie schlecht für uns sind?
Wenn ausschließlich unser Gehirn (logisches System) für diese Dinge zuständig wäre, dann hätten wir wohl auch keine Schwierigkeiten, diese Gewohnheiten sofort zu beenden.
Ihre Entscheidung wäre dann ganz einfach:

1. Erkenntnis – Rauchen ist ungesund und schadet mir
2. Entscheidung – ich höre auf zu Rauchen
3. Resultat – Sie würden nie wieder eine Zigarette berühren

Ganz so einfach scheint es allerdings mit den logischen Entscheidungen nicht zu funktionieren, sonst hätte die Tabakindustrie ernsthafte Probleme.

Ein Teil unseres Gehirns hat sich im Laufe der Jahrtausende zu einem natürlichen Schutzsystem entwickelt (limbisches System). Dieses limbische System arbeitet vorrangig nach dem Prinzip „never change a running system“. Es ist bestrebt, Gewohnheiten, mit welchen Sie bisher überlebt haben, beizubehalten. Jede Veränderung in Ihrem Leben wird von diesem Ihrem System als Gefahr eingestuft, denn unser limbisches System weiß nicht, ob die Veränderung Ihrem Leben nützt oder schadet.
In früherer Zeit mag dieses System überlebenswichtig gewesen sein, schlussendlich war die Vorsicht in neuen Situationen eine Existenzsicherung für die gesamte Menschheit. In unserer heutigen Welt allerdings verändern sich Dinge sehr schnell und genau diese Veränderungen mag Ihr limbisches System gar nicht, es blockiert Ihre logischen Entscheidungen.

Eine weitere Schwierigkeit ist die Bequemlichkeit unseres heutigen Lebens. Menschen umgeben sich mit gewohnten Dingen, mit all den Dingen, die wir in unserer zivilisierten Welt schätzen, und mit all den Gewohnheiten, welche wir uns antrainiert haben.
Um diese kleine Welt bauen manche Menschen einen kleinen Zaun, andere wiederum eine hohe Mauer. Hinter dieser Mauer befindet sich für uns unbekanntes Terrain. Nun mag manch einer schon einmal versucht haben, seine Nase über die Mauer

zu stecken, um zu sehen, wie die Welt außerhalb ist, und zack, bekommt er einen Hammer auf seinen Schädel.
Unser Unterbewusstsein sagt dann sofort: „Vorsicht! Bleib hinter deiner Mauer. Wenn du deine Nase drüber steckst, droht Lebensgefahr!“
Wir finden dann Gründe für uns selbst, warum es, entgegen aller Logik, doch richtig ist, an unseren Gewohnheiten festzuhalten, und warum wir lieber hinter der Mauer bleiben sollten. In dieser Meinung bestärken wir uns dann mit selbst erfundenen Argumenten, wie zum Beispiel, beim Sport könnte man sich verletzen.
Schließlich gibt es auch für Raucher gute Beispiele, haben doch Johannes Heesters und Helmut Schmidt auch ein hohes Alter erreicht, obwohl beide starke Raucher gewesen sind. Auf der Suche nach Argumenten wenden wir uns dann automatisch an Menschen, von welchen wir die Erwartung haben, dass diese unsere Meinung teilen oder bestärken. Nur um eine Bestätigung zu erhalten, es sei gut, weiter in der Komfortzone zu verharren.
So hatte ich in der Vergangenheit häufig das Erlebnis, dass einige Mandanten ihren Versicherungsvertreter nach der Meinung fragten, was dieser davon hält, wenn sie ihre kapitalbildende Lebensversicherung kündigen würden. Glauben Sie wirklich, er würde freiwillig dazu raten, seinen eigenen Bestand zu kündigen und den Berater zu wechseln?
Haben Sie den Glauben, Ihr Bankberater würde Ihnen offen gestehen, dass der vermittelte Bausparvertrag mit 80.000,- € Bausparsumme und 50,-€ Monatsbeitrag eine Falschberatung gewesen ist?!
Wenn Sie diesen Glauben in sich tragen, dann müssen Sie auch glauben, ein Zitronenfalter würde Zitronen falten!
Wundern Sie sich also nicht über eine vollkommen normale Unsicherheit, welche Sie beim Umsetzen der in diesem Buch gegebenen Tipps überkommen mag.

Wundern Sie sich nicht über aufkommendes Unwohlsein in Ihrer Magengegend, wenn Sie sich gegen alte gewohnte Produkte entscheiden.
Wundern Sie sich nicht, wenn sich die ein oder andere von Ihnen getroffene Entscheidung am Anfang ein wenig fremd für Sie anfühlt, und wundern Sie sich vor allem nicht, wenn Menschen, welche dieses Buch nicht gelesen haben, Schwierigkeiten damit haben, Sie in Ihrem Handeln zu verstehen.
Schließlich betreten Sie nun unter Umständen vollkommen neues Land und beginnen damit, Dinge in Ihrem Leben zu ändern, dies wird nicht jedem Menschen in Ihrer Umgebung gefallen.
Da ich vermute zu wissen, wie es für Sie anfühlt, vor solch wichtigen Entscheidungen in Ihrem Leben zu stehen, möchte ich Ihnen am Ende noch einige gut gemeinte Tipps geben: Fangen Sie sofort damit an, Ihr neues Wissen ohne faule Kompromisse in Anwendung zu bringen.
Wenn nötig, suchen Sie sich Hilfe von außen!
Achten Sie bitte auf die Unabhängigkeit ihres neuen Beraters und prüfen Sie dessen Vorschläge genau!
Zögern Sie nicht, einen finanziellen „Reset“ auszuführen!

9.4 Ihr Finanzplan – die Umsetzung

Anhand der Tabellen welche wir im Laufe unserer Zusammenarbeit entwickelt haben, sollte sich ein deutliches Einsparpotenzial erkennen lassen. Ihr geändertes Konsumverhalten und die Trennung von Ihren unrentablen Anlageformen werden Ihnen vermutlich einiges an freier Liquidität beschert haben. Investieren Sie diese freie Liquidität nun in Ihre neuen Ziele, in entsprechend sinnvolle Produkte und bedenken Sie dabei die in Kapitel 2 beschriebene Vorgehensweise.

Ihr Eisen glüht nun, beginnen Sie es zu schmieden

Sehen Sie Ihre Zukunft schon ein wenig klarer vor Augen?

Können Sie vielleicht bereits fühlen, wie es sich für Sie anfühlt, Ihre Ziele erreicht zu haben?
Nehmen Sie sich einen Moment Zeit und lassen Sie nochmal all Ihre Ziele auf sich wirken, holen Sie die Bilder, welche Sie in Ihrer Fantasie erschaffen haben, wieder hervor und kosten Sie diese Momente ausgiebig aus.
Für die Umsetzung Ihrer Ziele und Pläne empfehle ich Ihnen eine von mir selbst entwickelten Methode.
Ich habe die REICH-Methode vor einiger Zeit für meine Geschäftspartner entwickelt, um eine Möglichkeit aufzuzeigen, die in der Fantasie entwickelten Ziele und Pläne ins wahre Leben zu transportieren.

R-eal
Entwickeln Sie einen festen Willen, Ihre Pläne in Realität zu verwandeln. Sicher werden Sie hier den einen oder anderen Rückschlag erleiden. Haben Sie je damit begonnen, sich sportlich zu betätigen? Wenn ja, hatten Sie unter Umständen Schwierigkeiten damit, am ersten Tag Höchstleistungen zu er-

bringen. Vielleicht ging es Ihnen ja ähnlich wie mir nach meinen ersten Besuch in einem Fitnessstudio. Am nächsten Tag war ich vor Schmerzen nicht mehr in der Lage, meine Schuhe anzuziehen.
Wir müssen die Bereitschaft entwickeln, uns zu konditionieren. Mit jedem kleinen Rückschlag, auch wenn er schmerzt, kommen Sie Ihrem Ziel ein kleines Stück näher.

E-motional
Ohne Emotionen haben weder Gedanken noch Worte irgendeinen Einfluss auf Ihr Leben. Ein Mensch hat ca. 60.000 Gedanken an einem einzigen Tag. Die wenigsten davon erleben Sie bewusst. Erst wenn Gefühle ins Spiel kommen, die Sie berühren, gewinnen Ihre Gedanken für Sie an Bedeutung. Je besser Sie sich fühlen, umso besser ist Ihr Leben. Egal, wie viele Reichtümer Sie anhäufen, Sie werden diese nicht genießen können, ohne dauerhaft dafür zu sorgen Ihre Emotionen in eine positive Richtung zu lenken.

„Man muss Emotionen einsetzen, um den Gedanken Gefühl einzuhauchen, damit er Form annehmen kann.“[26]

Nutzen Sie die Kraft Ihrer Gefühle! Verlieben Sie sich in Ihre Pläne und die Ziele, welche Sie damit erreichen werden. Lassen Sie sich nicht von „guten Ratschlägen“ beeinflussen, welche Sie von Ihrem Ziel abbringen wollen. Stellen Sie sich vor, oder vielleicht war es ja so, Ihre Eltern wären bei Ihrer ersten großen Liebe zu Ihnen gekommen und hätten Ihnen davon abgeraten.
Natürlich wird es Menschen in Ihrem Umfeld geben, die Ihre gesteckten Ziele für vollkommen unmöglich halten. Auch wenn Sie diesen Menschen sonst Achtung schulden, sollten Sie sich

---

[26] Charles Haanel

von niemandem von Ihren Zielen abbringen lassen, gerade wenn sich deren Argumente logisch anhören.

Hier einige Beispiele von Irrtümern absoluter Profis:

Ich denke dass es einen Weltmarkt für vielleicht fünf Computer gibt.[27]
IBM Gründer
Aus dem Ipad wird nichts, Notebooks gehört die Zukunft.[28]
Das Internet ist eine Spielerei für Computerfreaks, wir sehen darin keine Zukunft.[29]

Zwei sehr unterschiedliche Brüder, der eine promovierter Arzt der andere Hausmeister der Klinik. Welchem von beiden würden Sie heute die bessere Zukunft vorhersagen? Im Jahr 1894 entdeckten beide, durch einen Zufall, dass aus getrocknetem Weizen ein schmackhaftes Frühstück herstellbar ist. Der Hausmeister hatte die große Vision, dieses in Schachteln zu verpacken und in den gesamten USA zu verschicken, während der Arzt darin keinerlei Zukunft und Marktpotenzial sah. So gründete der Hausmeister Will Keith Kellogg im Jahr 1906 ohne seinen Bruder die Battle Creek Toasted Cornflakes Company, welche 1922 in Kellogg Company umbenannt wurde.
Heute stellen rund 32.000 Mitarbeiter in 18 Ländern mehr als 50 verschiedene Getreideprodukte her, die in mehr als 180 Ländern der Erde verkauft werden. Der Jahresumsatz der KELLOGG COMPANY beträgt fast 13 Milliarden US-Dollar.
Ohne die Emotionen und Visionen von Will Keith Kellogg wäre das Unternehmen nie gegründet worden.
Geben Sie all Ihre Emotionen in die Erfüllung Ihrer Ziele und gehen Sie unbeirrt Ihren Weg.

---

[27] Thomas j. Watson
[28] Bill Gates
[29] Ron Sommer

I-ntelligent

Gehen Sie Intelligent vor. Sie erwarten zu viel von sich, wenn Sie davon ausgehen, bereits den perfekten Plan entwickelt zu haben. Um Verbesserungen zu erzielen bedarf es einer ständigen Kontrolle und gegebenenfalls Anpassungen Ihres Planes – nicht Ihrer Ziele! Gerade bei langfristigen Planungen ist es wichtig, von Zeit zu Zeit unsere Vorgehensweise an die veränderten Bedingungen anzupassen.

Nur einmal angenommen, Sie hätten vor 20 Jahren ein Haus gekauft und Sie hätten als Ziel gehabt, zur Darlehensrückzahlung eine kapitalgedeckte Lebensversicherung zu besparen. Der Versicherungsvertreter hätte Ihnen zur damaligen Zeit sicher eine Rendite von über 6% in Aussicht gestellt. Wäre heute der Rückzahlungstermin, würden Sie feststellen, dass diese Hochrechnung Ihr geplantes Ergebnis nicht einmal annähernd erreicht hat.

Wäre es nun nicht eine gute Option gewesen, innerhalb der letzten 20 Jahre mit Argusaugen auf die voraussichtliche Leistung zu achten? Wäre es nicht sinnvoll gewesen, in der Zwischenzeit die Planung zu überdenken und diese den neuen Erkenntnissen anzupassen? Sicher wäre es für Sie absolut keine Option, stattdessen Ihr geliebtes Eigenheim zu verkaufen!

Solche Veränderungen müssen Sie nicht nur erkennen, sondern unbedingt Ihre Planungen entsprechend prüfen und abändern.

Viele Menschen schrauben ihre Ziele nach unten oder schlimmer noch, verwerfen ihre Ziele, wenn sie bemerken, dass Ihr Plan nicht funktioniert. Haben Sie den Mut, Ihre Pläne solange anzupassen, bis Sie merken, dass Sie nun auf dem richtigen Weg sind, Ihre tiefsten Vorhaben zu verwirklichen.

C-harismatisch

Wer kennt sie schon nicht, die Rede von Martin Luther King, welche er 1963 vor dem Lincoln Memorial gehalten hat.

I still have a dream ...
I have a dream ...
I have a dream ...

Martin Luther King gewann mit dieser Rede die Herzen von Millionen Menschen – das müssen Sie nicht. Der Mensch, mit dem Sie am meisten sprechen, sind Sie selbst. Beginnen Sie damit, Ihre positiven Glaubenssätze und die positiven Geschichten über Ihre Ziele und Pläne in solch charismatische Reden zu verwandeln, dass Sie nicht nur sich selbst, sondern auch andere damit anstecken.

So charismatisch, wie John F. Kennedy 1963 die Worte *„Ich bin ein Berliner!“* von sich gab, genauso charismatisch können Sie sich jeden Tag selbst sagen:
Ich erreiche meine Ziele!
Ich bin erfolgreich!

H-ilfe
Kennen Sie Menschen, die ihr Leben damit verbringen, ständig Dinge von anderen zu fordern? Sie fordern mehr soziale Unterstützung, mehr Geld vom Chef, mehr Liebe vom Partner, mehr Akzeptanz von Kollegen ...
Diese Menschen fordern und fordern, sie kritisieren alles und jeden, ohne auf die Idee zu kommen, erst selbst zu geben.
Solche Menschen hätten die Dividende am liebsten, bevor sie die Aktie kaufen, und genau deswegen investieren diese Menschen nie.
Seien Sie beruhigt, in meiner Vergangenheit habe ich noch nie einen Menschen kennengelernt, der so denkt und dennoch nachhaltigen Erfolg hat.
Sie sollten bereit sein, Hilfe zu geben, ehe Sie anderweitig Hilfe bekommen.

Machen Sie es sich zur Aufgabe, sich umzusehen, wem Sie in Ihrem Umfeld helfen können, selbstlos, ohne eine Gegenleistung zu erwarten.
Seien Sie auch bereit

Wer anderen hilft, dem wird geholfen.
Zusammenfassung REICH- Methode

Real – entwickeln Sie Durchhaltevermögen, um Ihre Ziele zu realisieren.
Emotional – bringen Sie all Ihre Emotionen ein.
Intelligent – prüfen Sie mit bestem Verstand Ihre Ergebnisse.
Charismatisch – seien Sie charismatisch in Ihren Glaubenssätzen.
Hilfe – helfen Sie anderen, dann wird auch Ihnen geholfen, lassen Sie sich helfen!

Seien Sie mutig und bleiben Sie stark in Ihren Entscheidungen!

10 Abbildungsverzeichnis

1. Abbildung 1: Rauchen Sie ruhig 49
2. Abbildung 2: Maslow Pyramide 51
3. Abbildung 3: Die Rente 55
4. Abbildung 4: Altersstruktur 62
5. Abbildung 5: Altersstruktur 62
6. Abbildung 6: Renten Runden 62
7. Abbildung 7: Renten-Anspruch 63
8. Abbildung 8: Kaufkraftverlust / Inflation 68
9. Abbildung 9: Reichsmarkpolice 70
10. Abbildung 10: Bevölkerungsentwicklung 73
11. Abbildung 11: Immobilienrenditen 76
12. Abbildung 12: Sparbuch 19?? 91
13. Abbildung 13: Eigene Darstellung "Hände weg" 94
14. Abbildung 14: Funktionsweise Investmentfond 120
15. Abbildung 15: Währungen / Devisen 125
16. Abbildung 16: Fondsperformance Einmalanlage 137
17. Abbildung 17: Fondsperformance Sparplan 138
18. Abbildung 18: Aktienfondsanleger 139
19. Abbildung 19: Psychogramm 142

11 Literaturverzeichnis

Bafin. (kein Datum). *bafin.de*. Von https://www.bafin.de/SharedDocs/FAQs/DE/Verbraucher/Bank/Produkte/Bausparen/05_regelsparbeitrag.html abgerufen

Börse.de. (kein Datum). *boerse.ard.de*. Von http://boerse.ard.de/boersenwissen/boersengeschichte-n/die-unglaubliche-geschichte-der-anne-scheiber100.html abgerufen

Einstein, A. (kein Datum). *nur-Zitate.com*. Von http://www.nur-zitate.com/autor/Albert_Einstein abgerufen

Facebook. (kein Datum). *facebook.com*. Von https://www.facebook.com/permalink.php?id=273518679437069&story_fbid=741204486001817 abgerufen

Fokus. (2014). *Schlafen, Kochen, Putzen*. Von http://www.focus.de/gesundheit/videos/schlafen-kochen-putzen-womit-die-deutschen-ihre-lebenszeit-verbringen_id_4140015.html abgerufen

Fonds, T. -G. (kein Datum). *test.de*. Von https://www.test.de/Geschlossene-Fonds-Die-schlimme-Bilanz-einer-Branche-4910691-0/ abgerufen

G.T.Doran. (1981). *S.M.A.R.T way to write management´s goals and objectives.*

Gates, B. (kein Datum). *t-online.de*. Von http://www.t-online.de/computer/id_13049366/die-schoensten-irrtuemer-des-computer-zeitalters.html abgerufen

Haanel, C. (kein Datum).

Hetzer, W. (kein Datum). *faz.net*. Von http://www.faz.net/aktuell/gesellschaft/menschen/oldtimer-weltreise-heidi-hetzer-gibt-wieder-gas-14406864.html abgerufen

Hollander, L. E. (kein Datum). *wikipedia.org*. Von https://de.wikipedia.org/wiki/Lewis_E._Hollander,_Jr. abgerufen

Jobs, S. (kein Datum). *wikipedia.org*. Von https://de.wikipedia.org/wiki/Steve_Jobs abgerufen

Laufpass. (kein Datum). *Laofpass.com*. Von http://laufspass.com/alterslaeufer.htm abgerufen

Limpach, E. (kein Datum). *Aphorismen.de*. Von https://www.aphorismen.de/zitat/31926 abgerufen

Malloch, D. (kein Datum). *Sport, Diät und Gesundheit Portal* . Von http://aktiv-powertours.com/forum/beitrage-diskussion/tipps-sport-und-diat/wertvolle-gedichte-zitate-spruche/gedicht-von-douglas-malloch-plan.html abgerufen

Maslow, A. (1987). *Motivation and Personality, Seite 150.*

Miura, Y. (kein Datum). *wikipedia.org*. Von https://en.wikipedia.org/wiki/Yuichiro_Miura abgerufen

Plusminus, A. (kein Datum). *daserste.de*. Von http://www.daserste.de/information/wirtschaft-boerse/plusminus/sendung/rente-extrabeitraege-100.html abgerufen

Presseportal. (kein Datum). Von http://www.presseportal.de/pm/56465/3007943 abgerufen

Rockefeller, J. D. (kein Datum).

Seneca, L. A. (kein Datum). *Zitate.de*. Von http://www.zitate.de/autor/Seneca abgerufen

Sommer, R. (kein Datum). *cducsu.de*. Von https://www.cducsu.de/themen/verkehr-umwelt-bau-ernaehrung-und-landwirtschaft/das-internet-ist-kein-hype abgerufen

Spiegel.de. (kein Datum). *Spiegel.de*. Von http://www.spiegel.de/spiegel/print/d-15348762.html abgerufen

Statista. (2016). Verbrachte Zeit im Web bei der Urlaubsplanung im Jahr 2010 .

Statista. (kein Datum). *Statista* . Von https://de.statista.com/statistik/daten/studie/204670/umfrage/umfrage-zur-beurteilung-der-gegenwaertigen-finanziellen-situation/ abgerufen

Studie, H. B. (kein Datum). *business-netz.com*. Von http://www.business-netz.com/Selbstmanagement/Ziele-schriftlich-fixieren abgerufen

Thoreau, H. D. (kein Datum). *Aphorismen.de*. Von https://www.aphorismen.de/zitat/15461 abgerufen

unbekannt. (kein Datum).

Watson, T. j. (kein Datum). *sueddeutsche.de*. Von http://www.sueddeutsche.de/digital/beruehmte-fehlprognosen-computer-sind-nutzlos-1.935972-2 abgerufen

Wiesbaden, S. B. (kein Datum). *Statistisches Bundesamt* . Von https://www.destatis.de/DE/ZahlenFakten/GesamtwirtschaftUmwelt/VerdiensteArbeitskosten/VerdiensteVerdienstunterschiede/Tabellen/Bruttomonatsverdienste.html abgerufen